Jalta

Positionen zur jüdischen Gegenwart

ALLIANZEN

AUSGABE N° 03
1/2018 — 2/5778

Jalta

Positionen zur jüdischen Gegenwart

ALLIANZEN

HERAUSGEGEBEN VON
Micha Brumlik / Marina Chernivsky / Max Czollek / Hannah Peaceman
Anna Schapiro / Lea Wohl von Haselberg

AUSGABE N° 03
1/2018 — 2/5778

ALLIANZEN: IN DIE OFFENSIVE!

*Liebe Leser*innen, liebe Verbündete,*

in der Einleitung zur zweiten Ausgabe schrieben wir, dass wir mit *Jalta* ein Zeichen für eine jüdisch-muslimische, jüdisch-queere, jüdisch-feministische, jüdisch-x Leitkultur setzen wollen. Da wussten wir schon, dass sich das kommende Heft diesen Verbindungen widmen wird. Auf die Selbstermächtigung des ersten und die Desintegration des zweiten Hefts folgt nun also das Thema Allianzen. Diese Reihe bildet einen gedanklichen und politischen Dreischritt, mit dem wir einen konkreten Ziel- und Analyseraum für eine jüdische Gegenwart abstecken wollen. Wir freuen uns, dass Sie uns auch in der dritten Ausgabe treu bleiben – oder neu dazugekommen sind. *Baruch Haba!*

Mit der Wahl vom 24. September 2017 ist eine Partei mit offen faschistischen Tendenzen in einer Stärke in den Bundestag eingezogen, die in der postnazistischen Geschichte Deutschlands ohne Beispiel ist. Überwunden gehoffte Debatten kehren damit in den öffentlichen Diskurs zurück. Nur wenige Wochen nach der Wahl wurde bereits deutlich, wie die Rhetorik des Tabubruchs schrittweise den Raum des öffentlichen Sagbaren für menschenfeindliche, völkische und nationalistische Diskurse erweitert. Eine politische Entwicklung, die nicht nur in Europa zu beobachten ist und die im Widerspruch steht zu den erfolgreichen Anerkennungskämpfen gesellschaftlicher Minderheiten.

Diese Kämpfe, und das wollen wir an dieser Stelle nochmal unterstreichen, haben in den vergangenen Jahrzehnten zu einer Liberalisierung großer Teile der Gesellschaft geführt. Frauen dürfen arbeiten, ohne ihre Ehemänner um Erlaubnis zu fragen, Homosexualität ist nicht mehr illegal, die Ehe zwischen allen Geschlechtern ist gleichgestellt. Zugleich müssen wir uns aber fragen: Welche Wirkmächtigkeit haben solche Erfolge, wenn die Grundsätze unserer auf Freiheit und Gleichheit basierenden Gesellschaft fundamental in Frage gestellt werden? Wenn sich öffentliche Debatten so weit verschieben, dass Rassismus, Antisemitismus usw. auf der Straße und im deutschen Bundestag ohne Ahndung geäußert werden können?

Die Beiträge des dritten Hefts gehen in die Offensive. Denn wir alle sind selbstverständlicher gestaltender Teil dieser Gesellschaft, in der alle *ohne Angst verschieden* sein können sollen und in der die Teilhabe aller zugleich auch weiter erkämpft werden muss!

Im vorliegenden Heft wollen wir also über Fragen (jüdischer) Identität, von Selbst- und Fremdbildern hinausblicken. Welche Rolle können Juden* für politische Solidarisierungen und Allianzen spielen? Auf welche Weise verhindern oder ermöglichen die gesellschaftlichen Verhältnisse, schwerpunktmäßig in Deutschland, Bündnisse? Sichtbar gemacht werden Allianzen – in ihrer Geschichte und Gegenwart. Gemeinsam zeigen wir die Kontinuität antirassistischer und anti-antisemitischer Politik auf, die von den Betroffenen als Akteur*innen und Verbündeten ausgeht. Wir beleuchten kritisch, was Allianzen manchmal schwierig macht oder sogar verhindert. Wir markieren jene (Schutz-)Räume, die die Voraussetzung für Allianzbildung und politische Intervention sind. Und indem wir uns als Verbündete für das Projekt radikaler Diversität/einer Gesellschaft der Vielen zur Verfügung stellen, setzen wir uns auch über deutsche und jüdische Erwartungshorizonte hinweg. Wie schon zuvor stehen dabei unterschiedliche Formate nebeneinander, von Kritik zur Kunst, vom Interview zur Analyse gesellschaftlicher Verhältnisse und möglicher Alternativen.

Im Themenschwerpunkt finden sich zehn Beiträge. Eine Zeichnung von Friederike Pilz, in der sie die Beziehung und Verbindung zweier Körper untersucht, eröffnet die Rubrik. Yasemin Shooman beschäftigt sich in ihrem Beitrag aus einer muslimischen Perspektive mit den Potentialen eines jüdisch-muslimischen Dialogs, der zu Teilen unter Ausschluss der Dominanzgesellschaft stattfindet und stattfinden muss. Eva Lezzi schreibt ausgehend von der Literatur des 19. Jahrhunderts über Liebe als Allianz, spannt aber den Bogen bis in die Gegenwart interreligiöser Paare. Sie fragt: Was möchten ‚Wir' – als Jüd*innen mit nichtjüdischen Partner*innen – eigentlich? Wofür wollen wir kämpfen – oder haben wir unsere Verbündeten bereits gefunden? Potentiale für Allianzen finden sich überall und so stecken sie nach Jalil Dabit auch in *Suad's Stuffed Carottes* – das Rezept seiner Mutter Suad haben wir als kulinarischen Beitrag aufgenommen. Lianne Merkur analysiert in ihrem Artikel die Bedeutung des Konflikts im Nahen Osten für die Israelis, die derzeit in Berlin leben. In ihrem literarischen Text macht Esther Dischereit die Golem-Figur zu einer Verbündeten, die vom Prager Ghetto über das Nachkriegsdeutschland bis an die europäische Mittelmeergrenze der Gegenwart eilt. Mit seiner Rezension von Sarah Phillips Casteels Buch *Calypso Jews* weist Micha Brumlik auf Schwarz-jüdische Allianzen in der Karibik hin. Yasmin Birkandan geht der Frage nach der Bedeutung einer Lücke nach, indem sie türkische und deutsche Sätze bildet, in denen sich die Lücken zwischen den Buchstaben verschieben. Jalda Rebling beschreibt in ihrem persönlichen Zeugnis als Berlinerin ihr politisches Engagement in jüdischen und nicht-jüdischen Kontexten. Jasmin Dean zeigt anhand von drei Ereignissen oft übersehene Allianzen zwischen Jüd*innen und Rom*nja und Sint*ezze auf. In einem Emailgespräch setzen sich Vincent Bababoutilabo und Hannah Peaceman mit dem Verhältnis von Identitätspolitik und Emanzipation in Schwarzen und jüdischen Kontexten auseinander.

Neben dem Themenschwerpunkt finden sich vier weitere Rubriken: In „(Nach) Jalta" sind wir im Gespräch mit Mirjam Wenzel, der Leiterin des Jüdischen Museums Frankfurt am Main, und befragen sie über die Aufgaben und Ziele, die das aktuell im Umbau befindliche neue Museum haben wird. Rebecca Blady gibt uns aus einer feministisch-orthodoxen Perspektive einen Einblick in die Frage nach weiblicher geistiger Leitung. Eine Rezension von Sarah Wohl zu Ruth Zeiferts Dissertation *Nicht ganz koscher* beleuchtet die wissenschaftliche Auseinandersetzung um Fragen von Identität und Ausschluss sogenannter patrilinearer Jüd*innen. Heidi Ecksteins Zeichnungen setzen sich mit dem der talmudischen Jalta verwehrten Kidduschbecher auseinander. Das Jewish Women's Archive war die erste digitale Sammlung zur jüdischen Frauengeschichte in den USA. Die Gründerin Gail Twersky Reimer schreibt über die Geschichte und Ziele des Archivs. In der Rubrik „Juden* und …" gibt es diesmal zwei Beiträge. Peter Waldmann stellt in seinem Beitrag einen Zusammenhang zwischen Juden* und Punk her. Micha Brumlik berichtet von einer jüdischen Adelshochzeit, die im Jahr 2017 in Berlin stattgefunden hat. In „Übersehen, Vergessen, Verdrängt" gibt Binswanger Friedman Einblicke in das Reisetagebuch von Samuel Binswanger aus dem Jahr 1885. Anna Schapiro widmet sich dem ICE, der nach Anne Frank benannt werden sollte. Im Beitrag des Künstler*innenkollektivs Tehnica Schweiz, dem eine Einleitung von Lóránt Bódi vorangestellt ist, geht es um den Umgang mit Räumen der ehemaligen Synagoge in Tata, Ungarn. Die Rubrik „Streitbares" umfasst drei Beiträge. Sina Arnold und Jana König geben einen Einblick in eine Studie über Antisemitismus unter Geflüchteten aus dem Jahr 2017. Jakob Baier kritisiert anhand der Debatte um den Rapper Kollegah die Unfähigkeit u. a. Jan Böhmermanns, Antisemitismus als Antisemitismus zu benennen. Karin B. Neutel klärt in ihrem Artikel über Religionsverständnisse auf, die in der sogenannten Beschneidungsdebatte häufig ausgeblendet werden.

Wir wünschen Ihnen viel Spaß beim Lesen!
Begeben Sie sich mit uns auf die Suche nach Allianzen!

MAX CZOLLEK / HANNAH PEACEMAN / LEA WOHL VON HASELBERG
(Heftverantwortliche für *Jalta* N° 03)

Inhaltsverzeichnis

1 — א
(NACH) JALTA

2 — ב
ALLIANZEN

3 — ג

JUDEN* UND …

4 — ד
VERGESSEN, ÜBERSEHEN, VERDRÄNGT

5 — ה
STREITBARES

1 — א

(NACH) JALTA

„ICH MÖCHTE SCHON EIN BISSCHEN DER STACHEL IM FLEISCH DER NICHTJÜDISCHEN MEHRHEITS-GESELLSCHAFT BLEIBEN."

Ein Interview mit Mirjam Wenzel

MAX CZOLLEK / HANNAH PEACEMAN / LEA WOHL VON HASELBERG

Vor einer Diskussionsrunde im Pop Up Monument, welches vom 7. bis 17. September 2017 am Willy-Brandt-Platz stand, trafen sich Max Czollek, Hannah Peaceman und Lea Wohl von Haselberg mit Mirjam Wenzel, seit 2016 Direktorin des Jüdischen Museums Frankfurt am Main. Während eine elektrische Pumpe dafür sorgte, dass das Monument sich nicht über uns zusammenfaltete, sprachen wir über die Aufgaben Jüdischer Museen heute, neue jüdische Identitäten und Allianzen in der Postmigrationsgesellschaft.

JALTA: Herzlich willkommen. Schön, dass wir zusammen hier sind. Sie sind noch nicht so lange Direktorin des Jüdischen Museums und interessant ist ja erst einmal die Frage, was sind Anliegen, die Ihnen wichtig sind?

MIRJAM WENZEL: Mein zentrales Anliegen ist, das Jüdische Museum Frankfurt in eine neue Zeit zu führen. Wir erweitern uns ja erheblich, verdoppeln unser Haupthaus in der Größe und das geht auch mit einer programmatischen Weiterentwicklung, nämlich mit einer stärkeren Besucherorientierung einher. Diese Besucherorientierung berücksichtigt, dass wir uns nicht mehr in erster Linie an gebürtige Deutsche der zweiten Generation richten können, die sich aufgrund des Holocausts einem Jüdischen Museum verpflichtet fühlen, sondern auch jüngere Menschen mit Migrationshintergrund ansprechen müssen. Darüber hinaus möchte ich gerne das, was sich in den letzten 20 Jahren in der jüdischen Gemeinschaft in Deutschland und auch jenseits der jüdischen Gemeinschaft entwickelt hat, also das, was man als jüdisches Leben oder jüdische Gegenwartskultur heute bezeichnen kann, in unserem Programm einfangen.

J: Sie haben die Veränderung jüdischen Lebens in Deutschland angesprochen. In welchem Verhältnis sehen Sie das Museum zu jüdischem Leben – und nicht nur zum Holocaust? Und auf welche Weise trägt das Museum der veränderten, sowjetischen, israelischen, postmigrantischen Gegenwart jüdischen Lebens in Deutschland Rechnung?

MW: Im Wesentlichen haben wir ein *kulturelles* Verständnis von jüdischer Geschichte und Tradition. Damit sind wir per se ein Ort, der offen ist und die verschiedenen Auseinandersetzungen und Strömungen abbilden kann. Ich verstehe das Jüdische Museum Frankfurt also als eine Plattform für die Pluralität jüdischer Kulturen. Dementsprechend würde ich jüdische Kulturen immer im Plural verwenden. Es ist mir wichtig, dass das Museum ein lebendiges Zentrum für jüdische Kulturen der Gegenwart ist.

J: Es entbehrt ja nicht einer gewissen Ironie, dass Sie das Jüdische Museum zu einem Zentrum lebendigen jüdischen Lebens erklären. Wie verhält sich dieses Anliegen zu einer Kritik an der Musealisierung des Judentums? Offene Frage: Sehen Sie diese Spannung zwischen Musealisierung und lebendiger Gegenwart und wie gehen Sie damit um?

MW: Was immer wir tun, tun wir natürlich in einer historischen Perspektive, verstehen die plurale lebendige Gegenwart also in ihrer Geschichtlichkeit. Das ist Bestandteil unserer Konstitution als kulturhistorisches Museum. Aber zugleich ist Jüdischen Museen im Unterschied zu anderen Historischen Museen von ihrer Gründung an stets das Moment radikaler Subjektivität zu eigen gewesen. Wir sind ein sehr viel politischeres Museum als beispielsweise das Historische Museum Frankfurt. Unsere Erzählung folgt einer subjektiven Perspektive – der Perspektive von Jüdinnen und Juden in ihrer Zeit und in der Gegenwart. Und deswegen sehe ich da auch keinen Widerspruch zwischen der radikal jüdischen Perspektive auf Geschichte bzw. der jüdischen Erfahrung von Geschichte und Gegenwart und den Aufgaben eines Jüdischen Museums. Wenn Sie so wollen, teile ich die Kritik an der ‚Musealisierung des Judentums', eben weil es ‚das Judentum' als eine von Kultgegenständen geprägte, ahistorische Religion, die im Holocaust vernichtet werden sollte und nun quasi posthum für Nichtjuden und Nichtjüdinnen im Museum erklärt wird, meines Erachtens nicht gibt.

Frankfurter vs. Berliner Leitkultur

J: Vielleicht noch einmal zum Ort Frankfurt: *Jalta* wird ja oft fälschlicherweise als ein Berliner Projekt wahrgenommen und Berlin ist ja im Moment auch das intellektuelle und kulturelle Zentrum jüdischen Lebens in Deutschland. Wie sehen Sie das Jüdische Museum Frankfurt im Vergleich zum Jüdischen Museum Berlin? Gibt es Unterschiede im Verhältnis der Museen zum jüdischen Leben in Frankfurt und in Berlin?

MW: Meiner Meinung nach hat Frankfurt bis heute wahrscheinlich die selbstbewussteste jüdische Gemeinde oder Gemeinschaft Deutschlands, der eine Menge herausragender intellektueller Persönlichkeiten entstammen. Das Museum steht traditionell in enger Auseinandersetzung mit der hiesigen Gemeinde. Das ist ein großer Unterschied zu Berlin, wo das Jüdische Museum bewusst als eine Bundeseinrichtung gegründet wurde, die sich nicht auf die Berliner, sondern auf die gesamte deutsch-jüdische Geschichte bezieht und keinerlei Bezug zur Gemeinde hat. Darüber hinaus wird das Frankfurter Museum stark von dem getragen, was hier Stadtgesellschaft genannt wird. Es gibt eine überparteiliche Koalition, die auch die bauliche Erneuerung des Museums ermöglicht hat. Unter Oberbürgermeister Peter Feldmann versteht sich Frankfurt zudem explizit als die jüdischste Stadt Deutschlands. Durchaus zu Recht, wenn man in die Geschichte vor 1933 und nach 1945 schaut und anerkennt, welche Sichtbarkeit Frankfurter Jüdinnen und Juden heute in der Öffentlichkeit haben. Dementsprechend würde ich sagen, die besondere Chance des Jüdischen Museums Frankfurt ist es, dieses Getragen-Werden von der Stadtgesellschaft hin zu einem Moment der Reflexion zu wenden – und zwar einer Reflexion sowohl über aktuelle Fragen von gesellschaftlicher Diskriminierung, Chancenungleichheit und Antisemitismus wie auch über das nach wie vor schwierige Verhältnis von Jüdinnen, Juden und nicht-jüdischen Deutschen.

J: Sie haben die Persönlichkeiten erwähnt, die aus Frankfurt kommen. Diese Personen sind, korrigieren Sie mich, wenn ich mich täusche, überwiegend in ihren 60ern. Wenn ich an jüngere Juden und Jüdinnen denke, die den intellektuellen Diskurs voranbringen, dann kommen die aus Hamburg, Maxim Biller, dann kommen die aus Zürich, Raphael Gross, dann kommen die aus Hannover, Sasha Marianna Salzmann oder aus Berlin. Ist Frankfurt als jüdisches Zentrum nicht eine Geschichte, die selbst schon wieder Geschichte ist?

MW: Es ist sicher kein Zufall, dass alle die Personen, die einst als jüdische Frankfurter an die Öffentlichkeit getreten sind und unter anderem die Zeitschrift *Babylon* gegründet haben, auf die Sie sich mit *Jalta* beziehen, heute in Berlin leben. Das ist schon eine Entwicklung, würde ich sagen, der letzten

20 Jahre, die mit der Hauptstadtbildung zu tun hat und damit, dass in Berlin eben diese Art von pluraler jüdischer Gegenwartskultur und -Szene entstanden ist, die dazu führt, dass viele Personen dort hinziehen. In Frankfurt existiert außerhalb der jüdischen Gemeinde keine derartige Kulturszene.

J: Und in Berlin ist es umgekehrt, da existiert sie *nur* außerhalb der jüdischen Gemeinde.

MW: Ja, das würde ich auch sagen. Das ist der Unterschied. Was aber nicht heißt, dass es in Frankfurt nicht auch viele Personen gibt, die aus verschiedenen Gründen nicht Teil der Jüdischen Gemeinde sind, aber sie bilden eben keine alternative Szene. Das Jüdische Museum Frankfurt ist als städtisches Museum ja ohnehin auch keine Einrichtung der Gemeinde, sondern ein säkularer Ort. Das macht es uns deutlich leichter, die Entwicklungen jüdischen Lebens in Geschichte und Gegenwart abzubilden und zu reflektieren. Und wenn es uns gelingen sollte, der Pluralität jüdischer Lebensweisen auch in Kooperation mit der Gemeinde in Frankfurt Gehör zu verschaffen, dann wäre doch schon viel gewonnen.

Der Bildungsauftrag des Jüdischen Museums

J: Sie haben eben von einem politischen Auftrag gesprochen, womit Sie auch den Bildungsauftrag des Museums ansprechen. Worin sehen Sie ihre Aufgabe in Zeiten, in denen Rassismus und Antisemitismus salonfähiger werden und die AfD in den Bundestag einzieht? Und etwas suggestiver: Betroffene von Antisemitismus und Rassismus werden ja oft gegeneinander ausgespielt. Wie bringt man die Leute zusammen und ermöglicht Solidarisierungen? Kann das Museum ein Ort dafür sein?

MW: Da möchte ich konkret auf ein neues Programm hinweisen, das wir zur Extremismusprävention unter bildungsbenachteiligten Schülerinnen und Schülern entwickelt haben. Das Programm heißt „Anti-Anti – Museum Goes School“, ist jeweils auf ein Schulhalbjahr ausgelegt und richtet sich an Berufsschülerinnen und Berufsschüler sowie ihre Lehrerinnen und Lehrer. Wir haben es vor einem halben Jahr an der Philipp-Holzmann-Schule begonnen, einer Frankfurter Berufsschule, deren Schülerschaft zu 75 % Migrationshintergrund hat, und werden es nun auf weitere Schulen ausweiten. Das Programm umfasst fünf Workshop-Einheiten für Schülerinnen und Schüler und beginnt mit der persönlichen Erfahrung: Was ist eigentlich die eigene Familiengeschichte? Welche Diskriminierungserfahrungen gibt es? Anschließend geht es um mediale Othering-Prozesse, aber auch die Reflexion verinnerlichter stereotyper

Sichtweisen – beispielsweise auf Homosexuelle oder Obdachlose. In einem dritten Schritt erfassen die Teilnehmenden ihren unmittelbaren Stadtraum: Wo lebe ich eigentlich? Was ist Heimat für mich? Schließlich gehen wir gemeinsam in die Budge-Stiftung, führen dort ein Gespräch mit dem Rabbiner und einem Imam und essen koscher. Damit wollen wir für die Gemeinsamkeiten von Judentum und Islam sensibilisieren. Und erst ganz zum Schluss zeigen wir den Schülerinnen und Schülern unser Museum und feiern hier ein Abschlussfest. Das ist mir sehr wichtig: mit anderen Fragestellungen und einer anderen Perspektivierung auch das Jüdische Museum anders in den Blick zu nehmen. Das ist auch der Grund, warum wir so etwas wie dieses *Pop Up Monument* machen, was sozusagen erst auf den zweiten Blick als Teil des Jüdischen Museums erfahrbar wird.

J: Erlauben Sie uns eine Rückfrage: Sie arbeiten in dem Projekt mit Schülerinnen und Schülern, die einen nichtjüdischen Migrationshintergrund haben. Zwischen Juden und Jüdinnen ist Rassismus ja auch kein Geheimnis, wird aber weniger thematisiert. Gehen Ihre Programme da auch drauf ein?

MW: Wir haben Bildungsangebote, die sich gezielt an Jüdinnen und Juden wenden. Das gilt vor allem für unser Kinderprogramm, das in gedruckter Form und per Mail auch an Gemeindemitglieder und Eltern geschickt wird, deren Kinder an der Jüdischen Schule sind. Dies gilt aber auch für manch andere Bildungsangebote, die wir im Museum Judengasse, an der Gedenkstätte Neuer Börneplatz und an der Erinnerungsstätte Großmarkthalle durchführen. Bei diesen Angeboten geht es zumeist nicht nur um eine Museumsführung, sondern im Workshopformat vor allem auch um eine Anregung zur Selbstreflexion. Wenn uns stereotype Vorstellungen offen entgegengebracht werden, geht die Arbeit erst so richtig los. Aber ich würde nicht sagen, dass unser primärer Bildungsauftrag sich an die jüdische Gemeinschaft richtet. Diesen Bildungsauftrag haben andere Einrichtungen.

J: Wer denn?

MW: Na ja, ich würde sagen, dass dies die Aufgaben der Zentralwohlfahrtsstelle der Juden in Deutschland, der Bildungsabteilung des Zentralrats der Juden in Deutschland und auch des Ernst Ludwig Ehrlich Studienwerks sind. In Frankfurt hat Rabbinerin Elisa Klapheck zu Beginn dieses Jahres eine Reihe „Jüdisch-politisches Lehrhaus" ins Leben gerufen, bei der wir Kooperationspartner sind. Sie verfolgt ebenfalls ein innerjüdisches Bildungsanliegen. Unsere primäre Aufgabe als Jüdisches Museum aber ist eine andere. Ich verstehe uns eher als eine Art Schnittstelle, mit einer vitalen Bindung an die jüdische Gemeinschaft und einer Wirkung in die nichtjüdische Gesellschaft.

J: Eine Frage an Sie als Literaturwissenschaftlerin: Welche Rolle spielt Kunst für Sie in dieser ganzen Neuverortung und Reflexion der Frage, was jüdische Subjektivität und Positionierung heute in Deutschland eigentlich bedeuten?

MW: Ich glaube, ein bisschen kann man auch an diesem Ort sehen, was mir vorschwebt: Wir sitzen hier in einer von Künstlern und Künstlerinnen entwickelten begehbaren Skulptur, die einen Ort schafft, der per se erst einmal deutungsoffen ist. Weil wir ihn aber als jüdisches Museum bespielen, schreiben wir in diesen Ort eine Thematik ein, die mit der Verfasstheit jüdischer Orte zu tun hat, mit Fragilität und Verwundbarkeit, einem Bezogensein auf den Stadtraum und einem Sich-Von-Diesem-Abwenden. Das ist auch mein Wunsch, wenn ich mit Künstlerinnen und Künstlern zusammenarbeite: Räume zu schaffen, die zur Reflexion anregen. Ich verstehe das als die besondere Chance von Jüdischen Museen, die nicht ausschließlich Historische Museen sind. Wir brauchen uns nicht darauf zu beschränken, didaktisch zu vermitteln, was die Geschichte eines Objekts ist. Wir können unsere Themen in Zusammenarbeit mit Künstlerinnen und Künstlern auch so inszenieren, dass sie primär eine ästhetische Erfahrung sind. Es ist Teil unseres Bildungsauftrags, Räume zu entfalten, in denen man nachdenken kann und soll.

Desintegration & Allianzen

J: Haben Sie eine Meinung zum Konzept der Desintegration?

MW: Als Sie mich vor einer Weile anfragten, ob ich für Ihre Desintegrations-Ausgabe [Jalta N° 02, Anm. d. Red.] ein Interview geben will, habe ich gezögert. Jetzt habe ich darüber noch einmal nachgedacht und würde sagen, die Geschichte meines Museums ist eigentlich eine Geschichte der Desintegration im Verhältnis zu den anderen städtischen Museen, die sich in den Jahren 1933–45 systematisch an der Enteignung und dem Raub jüdischer Kulturgüter oder Gegenstände aus jüdischem Besitz beteiligt haben. Wir verstehen uns als die ideelle Nachfolgeeinrichtung des 1922 gegründeten Museums Jüdischer Altertümer, das 1938 geplündert und zerstört wurde. Ein Teil seiner Sammlung an Kultgegenständen wurde damals dem Historischen Museum einverleibt und vor der Eröffnung unseres Museums im Jahr 1989 dann als Grundstock unserer Sammlung dem Historischen Museum wieder abgenommen. In einem radikal-subjektivem Sinne haben wir also ein desintegratives Verhältnis zu anderen Museen, insbesondere wenn es um Restitutionsfragen geht. Da sitzen wir absolut nicht in demselben Boot wie die meisten deutschen Museen, die sich bereichert haben während der Nazizeit. Andererseits, und deswegen fühle ich mich dann doch wohler in dem Themenschwerpunkt Allianzen, sehe ich meine

Aufgabe darin, durch gezielte Kooperationen mit anderen Institutionen und Personen Fragen aufzuwerfen und zu bündeln und dadurch die Themen des Jüdischen Museums in der Öffentlichkeit präsent zu machen.

J: Sie haben ja schon gesagt, dass Sie sich wünschen, dass das Jüdische Museum auch ein Ort für die jüdische Szene oder die jüdische Kultur sein könnte, die fernab der Frankfurter Gemeinde existiert. Nun erwähnen Sie außerdem gezielte Kooperationen mit anderen Institutionen und Personen. Was wären für Sie die Allianzen, die Sie gerne schließen würden? Und was sind die Allianzen, die vielleicht am schwierigsten zu schließen sind?

MW: Es ist natürlich eine strategisch wichtige Frage, die richtigen Allianzen zu schließen. Nehmen wir noch einmal das Thema Restitution: Das Historische Museum wird in Kürze die Ausstellung *Legalisierter Raub* des Fritz Bauer Instituts zeigen und möchte gerne mit mehreren Frankfurter Museen kooperieren. Für mich ist es wichtig, dass wir dem nachgehen, aber nicht einfach zu der zentralen Ausstellung ein paar Objekte aus unserer Sammlung beitragen, die eine Restitutionsgeschichte haben, sondern deutlich machen, dass die Frage der Restitution für ein Jüdisches Museum von konstitutiver Bedeutung ist – und dass wir nur ein Wurmfortsatz dessen sind, was Jüdische Museen vor dem Holocaust waren. Das heißt, hier gehen wir eine Allianz mit anderen Museen Frankfurts ein, mit denen wir ohnehin eng zusammenarbeiten, sagen aber gleichzeitig: „Bei der Restitutionsthematik sind wir euer Kontrapunkt."

J: Nun haben Sie ja schon so ein paar Widersprüche, mit denen Sie konfrontiert sind, ausgebreitet. Ein weiterer, häufig bemühter Gegensatz ist die Gegenüberstellung von ‚den Juden' und ‚den Deutschen'. Uns fällt auf, dass junge Juden und Jüdinnen in der Öffentlichkeit eigentlich immer nur von dem Teil der Familie sprechen, der jüdisch und Opfer der Shoah war. Und dass sie zugleich nicht von den Großeltern auf der anderen Seite sprechen (können), die unter Umständen ganz anders auch in Tätergeschichten verstrickt waren. Wie werden solche Narrative vielleicht sichtbar in dem Museum?

MW: Ich verstehe es als unsere Aufgabe, bei den Besuchern und Besucherinnen mit Ausstellungen mehr Fragen anzuregen, als sie vorher hatten. Ich möchte also nicht *ein* Bild vom Judentum vermitteln, sondern die Frage, wer oder was eigentlich ein Jude oder eine Jüdin ist, bewusst offenlassen. Meiner Wahrnehmung nach werden solche komplexen Perspektiven in geschützten, nicht öffentlichen Räumen zunehmend thematisiert. Für mich ist es aber eine offene Frage, inwieweit das Museum derartigen Fragen eine öffentliche Wirksamkeit verschaffen kann und soll. Was den öffentlichen Diskurs in

Deutschland angeht, würde ich sagen, dass diesem eine Differenzierung der Täter-Opfer-Unterscheidung sicherlich guttun würde. Allerdings möchte ich mit meiner Museumsarbeit auf keinen Fall zu einer allgemeinen Erleichterung beitragen, à la: „Guck mal, in teil-jüdischen Familien ist doch auch alles durcheinander.“ Ich möchte trotz aller Differenziertheit und Pluralität dennoch ein bisschen der Stachel im Fleisch der nichtjüdischen Mehrheitsgesellschaft bleiben.

J: Ein schöner Satz! Gibt es denn Pläne, solche geschützten Räume für innerjüdische Fragen zu schaffen?

MW: An sich kann ich mir das gut vorstellen. Denn wenn ich sage, dass das Museum ein lebendiges Zentrum für jüdische Kulturen in Gegenwart und Geschichte sein soll, dann verstehe ich es auch als unsere Aufgabe, geschützte Räume zu schaffen, in denen Differenzen und Konflikte ausgetragen oder Selbstverständigungsprozesse angestoßen werden können. Da käme dann wieder die Frage der Allianzen ins Spiel. Wer sucht nach einem ebensolchen geschützten Raum in Frankfurt?

WEIBLICHE GEISTLICHE WEISUNG IM ORTHODOXEN JUDENTUM

Befürwortung einer persönlichen Masora

REBECCA BLADY

Im Januar 2017 starb ein Mann namens Leo Rosenson im Alter von 94 Jahren in seinem eigenen Bett in New York City. Hundert Menschen kamen zu seiner Beerdigung. Leo Rosenson war nicht der echte Name des Mannes; und entgegen der Dokumentation war er zum Zeitpunkt seines Todes 91 Jahre alt. Er wurde als Reuven Bergstein geboren und lebte die ersten Jahre seines Lebens in Tomasow-Lubelski (Polen), erfüllt von Jiddischkeit. Zu Beginn des Zweiten Weltkrieges wurde seine Familie von der polnischen Obrigkeit aus ihrem Heim vertrieben. Dadurch wurde ihm ein Leben voller Leid, Gefangenschaft und Verlust aufgezwungen. Letztlich gelang es ihm, in die Vereinigten Staaten zu immigrieren – als Leo Rosenson. Dort heiratete er Olga Jakubovitch, die drei Töchter zur Welt brachte, die acht Enkelkinder zur Welt brachten. Ich bin das fünfte.

Er war mein Zaidy (jidd.: Großvater) und ich war seine Enkeltochter, und ich liebte ihn so sehr. Niemand hat meinen Wunsch, die jüdische Lebensweise weiter zu überliefern, stärker beeinflusst als er. Vielleicht ist es paradox, aber seine ‚alte', tief verwurzelte Jüdischkeit hat mich inspiriert, etwas ‚Neues' und für eine Frau in meiner Familie eher Unerwartetes anzustreben: die Weihe zur orthodoxen Geistlichen.

Zaidy hatte nie wirklich verstanden, warum ich meine angehende Journalismus- und Medienkarriere aufgab; möglicherweise, weil ich ihm die Details der neuen Laufbahn nie ganz erklärt habe. Als er noch lebte, erzählte ich ihm, dass ich ein vierjähriges Studium in jüdischem Recht machte, das mir nach dem Abschluss erlauben würde, *Psak* (jüdische gerichtliche Entscheidungen) zu geben. Ich sagte ihm, dass zahlreiche Frauen, denen es unangenehm war, sich an ihre männlichen Rabbis zu wenden, von meiner Stellung profitieren würden. Ich erzählte ihm von meinen Plänen, mit unterversorgten

Gemeinden und Außenseiter*innen zusammenzuarbeiten. Ich sprach mit ihm über Kiruw (die Tätigkeit, nicht praktizierende und nichtreligiöse Jüd*innen dem Glauben und der Gemeinde näherzubringen), obwohl es mir widerstrebte, meine Arbeit als Kiruw zu bezeichnen, weil ich von den Menschen meiner Gemeinde nicht erwartete, dass sie ihre religiösen Praktiken ändern, außer wenn sie sagten, dass ihnen ein solcher Wandel recht sei.

Das alles erzählte ich ihm. Niemals wies ich aber darauf hin, dass ich die Semicha (formelle Einsetzung als Rabbi) empfangen würde. Jene, die sie empfingen, repräsentierten in seinen Augen die gebildetsten, einsichtigsten und angesehensten Gelehrten Osteuropas vor dem Krieg. Diese Männer waren die wahren, offensichtlichen, legendären Überbringer unserer komplexen *Masora* (Überlieferung). Er hatte Schwierigkeiten, die Wahl meines Weges zu verstehen, und verwies immer auf die offensichtlichen Unterschiede – und beunruhigenden Gemeinsamkeiten – zwischen diesen Männern und mir.

Ich habe ihm nicht dabei geholfen, diesen Zwiespalt aufzulösen. Immerhin war gerade die Masora-Linie, die mein Zaidy verkörperte, dasjenige, was mich antrieb, selber eine Meisterin der Masora zu werden, die Tora und Halacha in all ihren Feinheiten zu studieren und Juden und Jüdinnen dabei zu helfen, besser, stärker, gottesnäher zu werden. Meine Motivation, möglichst viel über die Tora zu lernen und analytische und seelsorgerliche Fähigkeiten zu erwerben, resultiert unmittelbar aus meinem persönlichen Erbe.

Aktuelle öffentliche Debatten über Frauen und orthodoxe geistliche Führung haben mich angeregt, darüber nachzudenken, warum ich mein Erbe dadurch zu realisieren beschloss, selbst Teil dieser jüdischen Weisenden zu werden. Gerade der Begriff *Masora*, die Idee einer mit der Zeit weitergegebenen Tradition, ist zu einem der Hauptmomente in einer hitzigen Debatte um die Weihe orthodoxer Frauen geworden. Diejenigen, die weibliche geistliche Weisende ablehnen, behaupten, dass meine Arbeit gegen unsere Pflicht verstößt, eine intakte Masora zu erhalten und weiterzugeben. Diejenigen, die sie befürworten, behaupten, dass sich meine Arbeit gut deckt mit dem Konzept, wie wir es seit Generationen verstehen: Es gibt keinen Grund, warum hochqualifizierte weibliche Gelehrte nicht an der Weitergabe jüdischer Traditionen beteiligt sein sollten, gerade in Anbetracht der Überfülle an frauenspezifischen Gesetzen und Ritualen der orthodoxen Tradition.

Um die Besonderheiten dieser Debatte zu verstehen, ist zu fragen: Was ist Masora? Der Begriff taucht bekanntermaßen zuerst in Verbform auf, in Pirkei Avot (1,1): „Moses empfing das Gesetz vom Sinai und überlieferte es Josue und Josue den Ältesten und diese den Propheten und diese den Männern der großen Synagoge.“[1] Unsere Vorstellung von der Weitergabe ist so stark verknüpft mit

1 Sprüche der Väter. In: *Wikisource*. https://de.wikisource.org/wiki/Spr%C3%BCche_der_V%C3%A4ter (Zugriff am 08.01.2017).

diesen sagenhaften Figuren der historischen jüdischen Führung, dass wir das Konzept der Masora nur im Kontext kommunaler Traditionen und Praktiken gedacht haben.

Auch heute noch betrachten bedeutende Rabbiner und Poskim (rechtliche Oberhäupter) des 20. und 21. Jahrhunderts die Masora überwiegend als heilige, ererbte und bindende Tradition, die unsere gesamte Gemeinschaft trägt; alles, was die Masora in Frage stellt, wird als bedrohlich wahrgenommen.

> *Der Begriff Masora bezeichnet mehrere Dinge. In seinem weitesten Sinn bezeichnet er die Weitergabe des Judentums von einer Generation zur nächsten, zurück bis zur Offenbarung am Sinai. Den Kern der Masora – dasjenige Element, das am häufigsten zu Innovation und Einfallsreichtum in Widerspruch gerät – bildet die Weitergabe des Inhalts und der Methodologie der Halacha. Es scheint so, als wäre die zutreffendste Definition dieses Aspekts der Masora zu gewinnen, indem man die Masora selbst betrachtet, d. h., wie jede Generation sich gegenüber den ihr vermachten Gesetzen verhält, die zu früheren Zeiten formuliert und kodifiziert wurden.*[2]

Nach dieser Definition nutzen wir die Werte und Methoden, die uns durch die Masora überliefert werden, um neue Fälle in unserer sich ständig verändernden Welt zu entscheiden. Zum Beispiel definiert die Tora 39 Arbeitshandlungen, die am Schabbat verboten sind; aber weder die Tora noch der Talmud noch die Schriften von Generationen von Rechtsdenkern enthalten Informationen darüber, wie Elektrizität sich zum Akt des Anzündens von Feuer oder die Nutzung eines Eierschneiders zum Akt der Trennung verhalten. Diese Entscheidungen wurden nachfolgenden Generationen überlassen, die sich zu gegebener Zeit damit befassen mussten. Rabbiner neigen dazu, Innovationen zu verhindern, weil sie Angst haben, dass diese die Integrität unseres sakrosankten halachischen Systems in Gefahr bringen. Aber neue Fälle treten zwangsweise auf, und der Masora kommt die Rolle zu, unsere Weisenden so zu erziehen, dass sie angemessene und gewissenhafte Entscheidungen treffen.

Die Frage nach einer präziseren Definition des Begriffs der Masora ist sehr lebendig im aktuellen Diskurs über weibliche geistliche Weisende. Indem er mit seinem aktuellen Psak an die Unzulässigkeit weiblicher Geistlichkeit anknüpfte, hat ein siebenköpfiger Ausschuss der Orthodoxen Union (OU) die Masora als „Wertschätzung für und Anwendung von Tradition als Richtschnur

2 Immanuel Bernstein: Preserving Our Mesorah. In: *Jewish Action*. https://jewishaction.com/religion/preserving_our_mesorah_a_symposium2/ (Zugriff am 08.01.2018). Die Zitate wurden hier und im Folgenden von der Übersetzerin des Beitrags ins Deutsche übertragen.

für den Umgang mit neuen Ideen, Herausforderungen und Umständen"[3] definiert. Im Gegensatz zu dieser Definition hat die OU Masora aber auch als einen Prozess definiert, der in der Gegenwart beheimatet ist und gezielt die Zukunft beeinflusst:

> *Bei der Untersuchung vorgeschlagener Neuerungen ist, neben einer Erwägung der unmittelbaren Implikationen und der Vereinbarkeit mit den Prinzipien der Tora, darauf zu achten, welche potentiellen Auswirkungen die Änderungen auf die Generationen der fernen Zukunft haben. Jede einzelne Generation ist konfrontiert mit einer sich fortwährend verändernden sozialen, kulturellen und technischen Umwelt.*[4]

Ich finde diese Definition attraktiv. Meiner begrenzten Erfahrung nach sehnen sich jüdische Gemeinden nach einer religiösen Führung, die einen authentischen Tora-Ethos repräsentiert, die sich in bescheidener Weise bemüht, die Fülle unserer Vergangenheit zu beleben, um das der Tora gemäße Leben für die Zukunft zu erhalten. Die Masora zu bewahren, heißt, die Werte, die Prinzipien und den Geist, die uns durch das halachische System vererbt wurden, auf einer breiten Gemeindeebene zu bewahren und zu priorisieren – und ein Scheitern hätte ernsthafte Konsequenzen für die jüdische Zukunft.

Allerdings fehlt ein entscheidendes Element in dieser Definition: das des persönlichen Erbes und persönlicher Überzeugungen. Als Antwort auf die Schrift der OU kritisiert der Gelehrte Dr. Noam Y. Stadlan die Verwendung des Begriffs *Masora* durch den Ausschuss: „Moderne Werte und *Masora* sind nicht die einzigen Einflüsse auf *halachische* Entscheidungen. Die Werte, mit denen man aufwächst, modern oder nicht, haben oft den größten Einfluss darauf, woran eine Person glaubt."[5] Stadlan charakterisiert im Folgenden diese Einflüsse, indem er Beispiele dafür anführt, wie die Glaubenssysteme einer Gemeinde Einfluss auf die Zukunft der Individuen nehmen, die in ihr aufwachsen (z. B. bleiben viele, die in chassidischen Gemeinden aufwachsen, chassidisch oder erkennen chassidische Werte ihr Leben lang an). Daraus folgt, dass diejenigen, die in Gemeinden mit ‚vormodernen' Ansichten zu Frauen aufwachsen, an diesem Weltbild festhalten, und diese tief verwurzelten Überzeugungen spielen bei der halachischen Entscheidungsfindung möglicherweise eine größere Rolle als das Lesen der Rechtstexte.

3 Rabbi Daniel Feldman/Rabbi Yaakov Neuberger/Rabbi Michael Rosensweig/Rabbi Ezra Schwartz/Rabbi Gedalia Dov Schwartz/Rabbi Hershel Schachter/Rabbi Benjamin Yudin: Responses to the Esteemed Members of the Orthodox Union's Executive Committee and Board of Directors. https://www.ou.org/assets/Responses-of-Rabbinic-Panel.pdf (Zugriff am 08.01.2018).

4 Ebd.

5 Noam Stadlan: Gender Roles in Ordination, Leadership and the Public. An Analysis of the OU Paper. https://www.jewishideas.org/article/gender-roles-ordination-leadership-and-public-analysis-ou-paper (Zugriff am 08.01.2018).

Unter diesem Gesichtspunkt liefert Stadlan eine detaillierte Analyse der OU-Schrift, die unter Berücksichtigung derselben Texte, die der Ausschuss zitiert, in einer Befürwortung der Weihe orthodoxer Frauen kulminiert. Mit dieser Analyse vollbringt Stadlan (vielleicht unbeabsichtigt) etwas Entscheidendes: Er schafft den Raum für die Idee einer persönlichen Masora – einem individuellen Erbe jüdischer Werte und Praktiken – innerhalb der weiteren Definition des Begriffs. Unabhängig davon, ob Masora einen Prozess der Betrachtung der Vergangenheit impliziert oder die Pflicht, die Zukunft der Gemeinde zu bedenken – jede Person, die am masoretischen Prozess teilhat, muss ihre eigene Herangehensweise an die ererbte Tradition anerkennen. Selbstverständlich gestalten Männer und Frauen die Masora gleichermaßen mit – und sollten das gleiche Recht haben, an ihrer Vererbung mitzuwirken.

Genau wie Joshua nie auf dieselbe Weise wie Mosche führen konnte, werde ich niemals exakt wie mein Zaidy führen. Wir sind unterschiedliche Menschen, in unterschiedlichen Zeiten, mit ziemlich unterschiedlichen Verantwortlichkeiten. Mosche überlieferte die Tora in der Wildnis der Wüste und führte eine Generation von Menschen an, deren Unterdrückung lebendige Erinnerung war. Joshua überlieferte die Tora mit dem Land Israel in Sichtweite, zu Beginn einer neuen Ära jüdischer Identität, mit neuen Gefahren und Potentialen. Sie beide stehen am Anfang der masoretischen Linie, verewigt in der Mischna, und symbolisieren die Wichtigkeit des individuellen, persönlichen Zugangs zur Tradition.

In meinem Leben spielt das Wesen der Masora eine größere Rolle als die Frage nach Tradition versus Innovation, richtig oder falsch, Vergangenheit oder Zukunft. Masora treibt mich an, meine Wurzeln zu verstehen, die Komplexität jüdischer Identität und Praxis zu erforschen und alles zu tun, was ich kann, um ihre Beständigkeit sicherzustellen. Masora treibt mich an, zu singen, zu beten, andere mit Respekt zu behandeln, nach Glück zu streben, ein Leben zu leben, das bis in jedes Detail mit Heiligkeit getränkt ist – alles in Erinnerung einer vorangegangenen Generation, im Geist und im Herzen. Meine Entscheidung, mich zu einer geistlichen Weisenden ausbilden zu lassen, wurde zweifellos angetrieben von dem Wunsch, die Masora zu erhalten, und sie ist ein natürlicher Ausdruck des starken Erbes, das mein Zaidy mir vermacht hat. Ich werde stets versuchen, meine Gemeinde in dem Geist zu leiten, in dem er meine Familie leitete.

Für manche mag der Gedanke einer persönlichen Masora neuartig scheinen angesichts dessen, dass der Begriff, in seiner üblichen Definition, sich so stark auf die Gemeinschaft bezieht. So mächtig ist die Masora des jüdischen Volks, dass ich mir nicht sicher sein kann, dass Zaidy, ein überzeugter Anhänger, meinen Berufsweg jemals wirklich verstanden und anerkannt hat (so wie Mosche den Wert der Handlungen Joshuas vielleicht nicht erkannt hätte, wäre er ihr Zeuge geworden). Aber ich weiß, dass er jedes Mal, wenn ich ihn vor dem

Schabbat anrief, auf dem Sprung zur Tür hinaus zur Schul, den Tscholent für den nächsten Tag köchelnd auf dem Herd, mein Mann Zemirot (Schabbatlieder) summend, stolz war. Meine Handlungen wurzeln in der Masora unserer Gemeinde, aber sind auch ein unauslöschbarer Teil meiner persönlichen Masora, zu der auch die einzigartigen Dinge gehören, die seiner Vision vom Judentum der nächsten Generation entsprachen. Ich kann nur hoffen, dass er weiterhin auf meine Hingabe für das Unterweisen in der Zukunft stolz sein wird.

Aus dem Amerikanischen von Ewgenia Baraboj

PIONIERIN AUF SCHWIERIGEM GELÄNDE

Ruth Zeiferts NICHT GANZ KOSCHER – VATERJUDEN IN DEUTSCHLAND

SARAH WOHL

Das Judentum ist matrilinear. Dies bedeutet, dass nach dem jüdischen Religionsgesetz Kinder jüdischer Mütter mit nichtjüdischen Vätern als Teil der jüdischen Gemeinschaft anerkannt werden, Kinder jüdischer Väter mit nichtjüdischen Müttern nicht. Obgleich interreligiöse Ehen und Beziehungen schon lange – und zunehmend – Teil der jüdischen Realität sind, lehnt das jüdische Religionsgesetz, die Halacha, sie ab. Entsprechend wenig entgegenkommend war lange die offizielle Haltung der jüdischen Gemeinden.

Mit ihrer Dissertation *Nicht ganz koscher. Vaterjuden in Deutschland* legt Ruth Zeifert nun Ergebnisse aus 10 Jahren qualitativer Sozialforschung zu genau diesen Familienkonstellationen vor. Es ist die erste größere empirische, sozialwissenschaftliche Studie zu diesem Thema in Deutschland. Seit Beginn ihrer Recherchen, etwa 2006, hat sich einiges getan: In seiner Dissertation 2010 fragt Heinrich Olmer: *Wer ist Jude?*[1] – ganz klar mit einer Kritik am matrilinearen Prinzip. 2011 wurde über ein besonderes Konversionsprogramm der orthodoxen Rabbinerkonferenz für Vaterjüd*innen berichtet. Zur Tagung *Hybride jüdische Identitäten – Gemischte Familien und patrilineare Juden* 2012 in Zürich erschien 2015 ein Tagungsband.[2] 2014 wurde Julia Bernsteins Studie *Ab und zu Kosher, ab und zu Shabbat – Eine Studie zu Identitäten, Selbstwahrnehmungen und Alltagspraktiken von Kindern aus „mixed families" in*

1 Heinrich C. Olmer: *Wer ist Jude. Ein Beitrag zur Diskussion über die Zukunftssicherung der jüdischen Gemeinschaft*. Würzburg: Ergon 2010.

2 Lea Wohl von Haselberg (Hrsg.): *Hybride jüdische Identitäten. Gemischte Familien und patrilineare Juden*. Berlin: Neofelis 2015.

Deutschland veröffentlicht.[3] 2016 veranstaltete der Zentralrat der Juden im Rahmen seines Gemeindetags in Berlin eine Podiumsdiskussion zum Thema Vaterjüd*innen. Aktuell gibt es in Berlin ein Konversionsprogramm für russischstämmige Vaterjüd*innen aus dem Bundesgebiet mit Rabbinerin Gesa Ederberg und Rabbiner Alexander Lyskovoy.[4] Gleich mehrere Romane[5] thematisieren die Situation von ‚Patrilinearen' in Deutschland.

Dazu, dass die Diskussion um den Umgang mit Vaterjüd*innen inzwischen intensiver geführt wird, hat Zeifert mit ihrer Promotion, ihren bereits vorab – u. a. in der *Jüdischen Allgemeinen* – erschienenen Veröffentlichungen und ihrer Vortragstätigkeit beigetragen. Mit *Nicht ganz koscher* gibt sie einen Einblick in die Lebenssituation und Gefühlslage der Kinder jüdischer Väter unterschiedlicher Herkunft und nichtjüdischer, deutscher Mütter aus drei Generationen.

DREI GENERATIONEN PATRILINEARER JÜD*INNEN IN DEUTSCHLAND Aufbauend auf elf Interviews mit Personen aus drei Generationen entfaltet Ruth Zeifert ein Panorama der Lebenssituationen patrilinearer Jüd*innen oder ‚Vaterjüd*innen'. Die ältesten Interviewten haben den Zweiten Weltkrieg als Kinder und junge Erwachsene erlebt, die jüngsten sind in den 1980er Jahren geboren. Zeifert arbeitet Gemeinsamkeiten zwischen ihnen heraus, zeigt aber auch, wo Unterschiede durch das Aufwachsen in unterschiedlichen Jahrzehnten bestehen. So identifizieren ihre älteren Gesprächspartner*innen, die den Nationalsozialismus als Kinder bzw. Jugendliche erlebt haben, sich nicht als jüdisch. Vielmehr berichten sie von konkreten Verlusterfahrungen. Teil ihrer Überlebensstrategie musste es sein, Abstand von geliebten jüdischen Familienangehörigen zu halten, teilweise auf deren Anweisung und gegen ihren eigenen Willen.

Die zweite Generation nach der Shoah wurde, wie aus zahlreichen Untersuchungen bekannt ist, durch die fast immer traumatische Überlebensgeschichte ihrer Eltern beeinflusst. Zeifert gelingt es zu zeigen, dass dies auch für Menschen mit jüdischem Vater der Fall ist. Gerade in dieser Generation können Identitätskonflikte besonders quälend sein: die Loyalität gegenüber dem überlebenden Elternteil, der über das Erlebte oft nicht spricht, ist groß. Gleichzeitig gibt es aus der jüdischen Gemeinde keine Anerkennung dieser existenziellen Erfahrung und des allein schon daraus entstehenden Zugehörigkeitsgefühls.

---

3 Julia Bernstein: *Ab und zu Kosher, ab und zu Shabbat. Eine Studie zu Identitäten, Selbstwahrnehmungen und Alltagspraktiken von Kindern aus „mixed families" in Deutschland.* London: JDC International Centre for Community Development 2014.

4 http://www.masorti.de/pdf/189_Flyer_Giur_DE.pdf (Zugriff am 05.02.2018)

5 Susann Pásztor: *Ein fabelhafter Lügner*. Köln: Kiepenheuer & Witsch 2010; Mirna Funk: *Winternähe*. Frankfurt am Main: Fischer 2015; Dmitrij Kapitelman: *Das Lächeln meines unsichtbaren Vaters*. München: Hanser 2016; Marcia Zuckermann: *Mischpoke!* Frankfurt am Main: Frankfurter Verlagsanstalt 2016.

Genau wie in der zweiten überwiegt auch in der dritten Generation der Gesprächspartner*innen eine Identität, die zumindest teilweise als jüdisch beschrieben wird (einschränkend sei hier gesagt, dass dies möglicherweise mit der Rekrutierung der Gesprächspartner*innen zusammenhängt, die sich freiwillig meldeten und über Anzeigen und Artikel auch in der *Jüdischen Allgemeinen* u. a. auf Zeiferts Forschung aufmerksam wurden; zugleich wird das ‚Jüdische' immer auch konstruiert). Nach der Shoah ist das Bewusstsein dafür groß, dass eine selbstgewählte Identität von einer nichtjüdischen Mehrheit nicht unbedingt akzeptiert werden würde, und es gibt ein großes Bedürfnis nach Loyalität gegenüber dem jüdischen Elternteil, der seinerseits Teile seines Wissens und seiner Familientradition weitergibt. Da gerade stärker säkular lebende Juden nichtjüdische Frauen heiraten, ist dies jedoch seltener Wissen über die jüdische Religion. Oft prägen Musik, Anekdoten, Zweitsprachen und entferntere jüdische Verwandte die Vermittlung jüdischer Identität im Rahmen der Familie.

ZUR HERSTELLUNG VON IDENTITÄTEN Die Auseinandersetzung mit sozialwissenschaftlichen Identitätsbegriffen (Patchworkidentität, Identitätskonstruktion als Prozess, Zugehörigkeit, narrative Identität, Hybriditätstheorie) hält Zeifert sehr knapp und fokussiert auf die Anwendung dieser Konzepte auf die vaterjüdische Lebenswelt: Sie zeigt, dass die vaterjüdische Identität gerade durch Ausschlüsse, nicht durch (positive) Mehrfachzugehörigkeiten entscheidend determiniert wird.[6] Die Feinanalyse unterschiedlicher Lebensbereiche im fünften Kapitel zeigt zudem, dass die Mehrfachzugehörigkeit patrilinearer Jüd*innen einerseits dazu führt, dass sie, je nach Zusammenhang, in dem sie sich bewegen, stärker die Zugehörigkeit zur Mehr- oder zur Minderheit betonen und deren Position einnehmen. Dass die Herstellung von Zugehörigkeit situationsabhängig ist, ist nichts Ungewöhnliches.

Für Menschen mit väterlicherseits jüdischer Herkunft wird diese fragile Positionierung über das gesamte Leben hinweg sowohl durch ‚deutsche Mehrheitskultur' sowie die jüdische Gemeinschaft immer wieder herausgefordert und neu verhandelt. Für die von Zeifert Befragten waren dabei Gefühle der Ambivalenz, Handlungsunfähigkeit, ein familiäres ‚Frageverbot' und Ausgrenzungserfahrungen durch die jüdische Gemeinde Motive, die sie langfristig begleiteten. Einerseits fühlen die Befragten sich mindestens kulturell Deutschland zugehörig. Andererseits ist die Loyalität der Befragten zum Judentum in Deutschland und zu Israel so groß, dass sie die politische Positionierung und private Kontakte stark beeinflusst – Allianzen mit als antisemitisch

6 Auch hier gilt einschränkend, dass die Zusammenstellung der Gesprächspartner*innen prägend sein könnte.

empfundenen Gruppen und Personen werden abgelehnt. Viele empfinden eine große Sehnsucht nach Anerkennung des jüdischen Anteils der Identität: So formuliert eine Gesprächspartnerin, dass sie eine antisemitische Beschimpfung nicht ausschließlich als negativ empfand, weil sie dadurch zum ersten Mal als Jüdin anerkannt wurde.

DIE ROLLE DER VÄTER In der Betrachtung der Herkunftsfamilien und insbesondere der jüdischen Väter weist Zeifert zu Recht darauf hin, dass die Väter einen Anteil daran haben, dass ihre Kinder sich nicht als jüdisch verstehen: Zum einen leben sie entweder nicht religiös oder vermitteln keine oder wenige Rituale und religiöses Wissen; zum anderen betrachten sie ihre Kinder nicht oder nicht uneingeschränkt als jüdisch. Damit machen sie eine Vorgabe für deren Entwicklung. Die Kinder wiederum begreifen die familiäre Situation, also die unterschiedliche religiöse Herkunft ihrer Eltern und deren Familien, laut Zeiferts Ergebnissen bereits im frühen Kindesalter, d. h. zwischen Kindergarten und Grundschule. Prägende Erlebnisse für die Herausbildung der eigenen religiösen Identität liegen oft in den Jahren vor dem Übergang zum Erwachsenwerden.

WEITERFÜHRENDE ÜBERLEGUNGEN ZUR VERBESSERUNG DER SITUATION PATRILINEARER JÜD*INNEN Den Abschluss der Arbeit bilden Überlegungen dazu, wie die Situation von Vaterjüd*innen verbessert werden könnte. Dabei geht es um Fragen der Benennung sowie darum, wie diese ihre Zugehörigkeit zur ‚jüdischen Familie' im weiteren Sinn angemessen leben können. Ruth Zeifert zeigt auf, dass viele Patrilineare mit unterschiedlichen Perspektiven von Jüd*innen vertraut sind und sich damit identifizieren, ohne sich deshalb im Detail mit dem Nahostkonflikt, der deutschen Religions- oder Israelpolitik, christlichen Perspektiven auf das Judentum o. ä. beschäftigt zu haben. Ihre Versuche, sich durch organisierte Bildungsangebote mit dem Judentum auseinanderzusetzen, scheitern oft daran, dass sie sich in mehrheitlich nichtjüdischen Gruppen mit ihren spezifischen Interessen fremd fühlen.

Zum Lernen wäre ein Umfeld erforderlich, das die besondere Situation der Gruppe der Vaterjüd*innen anerkennt. Hier sieht Zeifert Potenzial für das Engagement der jüdischen Gemeinden. Eine weitere Empfehlung, die ich nachdrücklich unterstützen möchte, ist die, eine Sprache zu finden, die die jüdischen Identitätsanteile anerkennt. So sollte statt von einer *Konversion* Patrilinearer von *Legalisierung* oder *Statusklärung* gesprochen werden, selbst wenn jene formal dieselben Schritte umfassen wie eine Konversion.

An die ‚deutsche Mehrheitsgesellschaft' richtet Zeifert folgenden Wunsch: Jüd*innen sowie deren Nachfahren, selbst wenn sie halachisch nicht jüdisch sind (zum Beispiel wegen Konversion, Patrilinearität usw.), sollten nicht als abwesend gedacht werden. Vielmehr ist ein größeres Bewusstsein für unterschiedliche Formen jüdischen Lebens in Deutschland erforderlich. Z. B. sollten Pädagog*innen bei der Erarbeitung von Unterrichtskonzepten damit rechnen, dass auch heute noch Nachfahren von Opferfamilien in Deutschland leben, selbst wenn sie möglicherweise nicht als solche (an)erkannt werden bzw. sich nicht zu erkennen geben.

Für diejenigen, denen die Thematik neu ist, gibt Zeifert in den ersten Kapiteln ihrer Arbeit einen – mit weniger als zehn Seiten recht knappen – Überblick der religiösen Situation von Personen mit jüdischem Vater und nichtjüdischer Mutter von der Zeit des ersten Jüdischen Tempels bis heute. Sowohl dieser historische Ausblick als auch die theoretischen Überlegungen hätten gern umfangreicher ausfallen dürfen. Das Herzstück der Arbeit ist allerdings die differenzierte Analyse der geführten Interviews. Diese ist auch für Fachfremde gewinnbringend zu lesen. Es ist zu hoffen, dass Zeiferts Anregungen vor dem Hintergrund der zunehmenden Anzahl interreligiöser Familien, die die jüdischen Gemeinden bereichern könnten, wenn sie dazu die Gelegenheit bekämen, positiv aufgenommen werden.

Ruth Zeifert: *Nicht ganz koscher. Vaterjuden in Deutschland.*
Berlin: Hentrich & Hentrich 2017, 218 Seiten.

JALTAS GEFÄßE

HEIDI ECKSTEIN

Heidi Ecksteins Arbeiten zeigen zwei mögliche Becher Jaltas. Sie umkreisen die Frage nach dem Halten des Inhalts, des Weins, ohne dabei für uns typisch aussehende Gefäße abzubilden. Eher sind diese Becher als *Gefäße für Durchlauf* zu verstehen, deren Wände weitere Gefäße bilden.

In Ecksteins Œuvre sind die Qualitäten des Bechers, allen voran das Halten und das Verschließen von (schwappenden und nicht schwappenden) Inhalten, als Zeichnungen von Schränken oder einem von ihr genähten ärmellosen Kleid zu finden. Dabei gehen die Spitzenmuster in den hier abgedruckten Zeichnungen auf Vorhänge aus den Sammlungen des Jüdischen Museums in Prag zurück. Sie übernehmen das Verstecken/Verschleiern des Inhalts, das sonst in Ecksteins Arbeiten den Schranktüren zukommt.

Zeichnen, das Eckstein als „Anlass und Katalysator für Reflexionsprozesse" beschreibt, schließt an eine weitere Frage an: Wie verhält es sich mit dem *Aktiv-* und *Passivsein* des haltenden Bechers und des gehaltenen Weins? Kann man die beiden Zustände als solche überhaupt bezeichnen oder kategorisieren?

Wir freuen uns sehr, Ecksteins Zeichnungen abbilden zu können. Anlass für die Zeichnungen, die speziell für diese Ausgabe entstanden sind, waren intensive Gespräche über die talmudische Figur Jalta zwischen der Künstlerin und mir.

ANNA SCHAPIRO

JEWISH WOMEN'S ARCHIVE

Ein Archiv für das 21. Jahrhundert

GAIL TWERSKY REIMER

1995, als sich das zwanzigste Jahrhundert seinem Ende näherte, teilte ich meine Vision von einer Institution, die sich der Aufdeckung und Bekanntmachung der Geschichte jüdischer Frauen widmet, mit Barbara Dobkin, der führenden jüdischen feministischen Philanthropin der USA. Einige Monate später hatten wir eine kleine Gruppe jüdischer Frauen rekrutiert, die den Gründungsvorstand einer neuen Organisation bilden sollte. Das Jewish Women's Archive (JWA) sollte die reiche Geschichte amerikanischer jüdischer Frauen offenlegen, aufzeichnen und einem breiten Publikum vermitteln.

Die Worte der ursprünglichen Leitlinie waren sorgfältig gewählt, um sicherzustellen, dass die folgenden Punkte reflektiert werden: (1) die Kernüberzeugung – eine reichhaltige, zugleich unsichtbare und verkannte Geschichte jüdischer Frauen existiert und muss offengelegt werden; (2) Hauptprinzipien – neben der Offenlegung der Geschichte jüdischer Frauen sollten die Stimmen, Erfahrungen und Erzählungen jüdischer Frauen unserer Zeit aufgezeichnet werden und sowohl frühere als auch aktuelle Aufzeichnungen und Geschichten einem breiten Publikum zugänglich gemacht werden; und (3) Grundparameter – der Fokus würde auf nordamerikanischen jüdischen Frauen liegen.

Obwohl die Gründer*innen von den zwei wichtigsten bestehenden Archiven zur Geschichte amerikanischer Frauen – der Arthur-und-Elizabeth-Schlesinger-Bibliothek der Geschichte amerikanischer Frauen am Radcliffe-Institut an der Harvard Universität in Cambridge und der Sophia-Smith-Sammlung am Smith College in Northampton – inspiriert und von einigen Institutionen umworben wurden, entschieden sie sich, eine unabhängige Organisation zu begründen und sich keiner bestehenden akademischen oder jüdischen Institution anzugliedern. Eine noch radikalere Abkehr von den Archiven, die das JWA ursprünglich inspirierten, stellt die Entscheidung dar, ein Archiv ohne Ziegel und Mörtel zu bauen.

Anfänglich stellten wir uns das JWA als eine spezialisiertere Schlesinger-Bibliothek vor, als Aufbewahrungsort von Aufzeichnungen, die das Leben jüdischer Frauen in den USA dokumentieren. Aber schon bald diskutierten wir die Umstände, unter denen das JWA gegründet wurde, darunter vor allem die Dezentralisierung der gegenwärtigen Gesellschaft und ihrer Dokumente, die mannigfaltigen Welten, die von zeitgenössischen jüdischen Frauen bewohnt werden, und die aufkommenden neuen Technologien und ihr Einfluss darauf, wie Menschen auf Informationen zugriffen und, noch wichtiger, in Zukunft zugreifen würden.

Vor die Herausforderung gestellt, ein Archiv zu gründen, das gleichzeitig mit unserem Ziel vereinbar war, die antizipierte Sammlung überregional verfügbar zu machen, entschieden wir, auf einen physischen Aufbewahrungsort zu verzichten und eine damals völlig neue Art Archiv zu entwerfen: ein im virtuellen Bereich beheimatetes. Diese Entscheidung reflektierte auch das wachsende Bewusstsein darüber, dass ein Reichtum an Dokumenten von und über jüdische Frauen existierte, wie unzureichend auch immer. Einen Zugang zu diesen Dokumenten zu schaffen, der den Bedarf an Primärquellen von Wissenschaftler*innen und Lehrenden unmittelbar deckte, wurde schnell zu einer Priorität. Statt ein physisches Gebäude zu errichten, zu dem Wissenschaftler*innen würden reisen müssen, um Dokumente durchzusehen, sollte das JWA zu einer Dokumentationsstelle werden – einer Datenbank mit Informationen über Standorte und Inhalte von Sammlungen von Archivmaterial zu jüdischen Frauen in den USA und Kanada. Das JWA würde so zu einer natürlichen ersten Anlaufstelle für Studierende und Wissenschaftler*innen, die neue Forschungsprojekte planten .

Die Entscheidung zugunsten eines virtuellen Archivs kam unserem Interesse entgegen, ein Archiv zu bauen, das über Akademiker*innen hinaus auch die breite Masse anspricht. Anstatt empfindliche Dokumente in Tresoren einzuschließen und wichtige Dokumente in Kisten zu katalogisieren, konnten wir digitale Kopien des Materials erstellen, die von allen, jederzeit und von überall, wo es Internetzugang gab, durchgesehen oder heruntergeladen werden konnten.

Zwei Jahre nach der Gründung ging das Archiv online, als eines der ersten seiner Art und entstanden in Zusammenarbeit mit dem Center for Educational Computing des Massachusetts Institute of Technology. Man bedenke, dass das World Wide Web erst 1991 der Öffentlichkeit verfügbar gemacht worden war. Als *jwa.org* 1997 online ging, steckte das Internet also noch in den Kinderschuhen; *Wikipedia* würde erst drei Jahre später entstehen, *Facebook* erst in sechs. Die *Google*-Suchmaschine wurde etwa zeitgleich zu *jwa.org* eingeführt.

Im selben Jahr erschien die Druckausgabe des zweibändigen Werks *Jewish Women in America. An Historical Encyclopedia*, herausgegeben von Paula Hyman and Deborah Dash Moore, beide Teil des wissenschaftlichen Beratungsausschusses des JWA. Der Inhalt dieses bahnbrechenden Werks wurde aufgenommen in *Jewish Women. A Comprehensive Historical Encyclopedia*, einer 2006 von Moshe Shalvi veröffentlichte CD-ROM, und erschien 2009 endlich im Online-Archiv des JWA. Dadurch wurden sowohl die Quantität der bei *jwa.org* verfügbaren historischen Informationen als auch die Zugriffe auf den Inhalt der Enzyklopädie exponentiell erhöht. Das Hinzufügen der Enzyklopädie hatte auch großen Einfluss auf den geographischen Parameter des JWA, das sich damals noch auf jüdische Frauen aus Nordamerika beschränkte. Diese Beschränkung war eher praktischer als philosophischer Natur und begann bald, dem wachsenden Fokus auf Grenzübergänge und transnationale Geschichte zu widersprechen, der so essentiell ist für den Umgang mit einer

Diaspora-Kultur. Obwohl das JWA sich weiterhin vor allem nordamerikanischen jüdischen Frauen widmen würde, begann es, bei der Dokumentation von Strömungen und Themen in der Geschichte jüdischer Frauen kontinentale Grenzen zu überwinden, so zum Beispiel für die Sammlung über Rabbinerinnen.

Das Hinzufügen der Enzyklopädie war die größte inhaltliche Ergänzung, aber auch darüber hinaus wuchs und transformierte sich das Onlinearchiv beständig über die Jahre. Mit dem Verfügbarwerden von mehr und mehr Archiven im Internet und dem Aufstieg leistungsstarker Suchmaschinen wie *Google* wurde die Quellen-Datenbank landesweiter Archive und Sammlungen, ehemals das Kernstück des Onlinearchivs des JWA, zunehmend obsolet und schließlich aufgegeben. An ihrer Stelle wuchs ein robustes digitales Archiv mit Tausenden digitalen Bildern von Dokumenten und Artefakten, Hunderten mündlichen und Video-Erzählungen und vollem Zugriff auf die Ausgaben von *The American Jewess*, der ersten landesweiten Zeitschrift von und für amerikanische jüdische Frauen, die Ende des 19. Jahrhundert erschien.

Mit den Jahren erweiterte das JWA seinen Begriff von Zugang. Es schuf Online-Lerntools und förderte Workshops und Web-Seminare, um mit Lehrenden zu üben, mit Schüler*innen historische Primärquellen zu verwenden; es produzierte einen Leitfaden, der jüdischen Frauen helfen sollte, Zeugin ihrer eigenen Erfahrung zu sein und so ihre einmalige Stimme und Geschichte durch mündliche Erzählungen zu erhalten; es begann mit der Nutzung einer Vielzahl unterschiedlicher Medien (und brachte dokumentarische Filme und einen eigenen Podcast raus) und Social-Media-Plattformen, um die Geschichten und den Beitrag jüdischer Frauen einem noch größeren Publikum näherzubringen.

2013 fühlte sich das JWA bereit, die politische und soziale Agenda hinter seiner Gründung offen einzugestehen und seinen globalen Einfluss implizit anzuerkennen. Die Leitlinie wurde geändert in: „Das Jewish Women's Archive dokumentiert die Geschichten von Frauen, hebt ihre Stimmen hervor und spornt sie dazu an, wirkende Kräfte der Veränderung zu sein."[1] *Rising Voices*, ein Stipendienprogramm für jugendliche jüdische Autorinnen, wurde zum Programm des JWA hinzugefügt. Das Stipendium möchte die jungen Autorinnen ermutigen, „aktive Mitwirkende am jüdischen und feministischen Narrativ" zu werden und ihre Tätigkeit zu nutzen, um einen „positiven sozialen Wandel zu verfechten".[2]

Obschon das Medium, das es zum Erreichen seiner Ziele nutzt, das JWA nicht mehr einzigartig macht, bleibt es nach wie vor die einzige Organisation in den USA, die sich der Offenlegung, Bewahrung und Sichtbarmachung der Geschichte jüdischer Frauen verschreibt. Wie ein*e Nutzer*in festhält:

> *Keine andere Organisation sammelt jetzt, was in Zukunft die Geschichte jüdischer Frauen sein wird, und nirgends anders gibt es diese reich gefüllte Schatztruhe an Informationen über jüdische Frauen bis zum heutigen Tag, in die man, je nach Bedürfnis oder Stimmung, einen Blick reinwerfen oder eintauchen kann.*[3]

1 Jewish Women's Archiv: Mission. https://jwa.org/aboutjwa (Zugriff am 13.01.2018). Die Zitate wurden hier und im Folgenden von der Übersetzerin des Beitrags ins Deutsche übertragen.

2 Jewish Women's Archive: Frequently Asked Questions. https://jwa.org/risingvoices/faq (Zugriff am 13.01.2018).

3 Ebd.

Nur kurze zwei Jahrzehnte nach seiner Gründung ist der Einfluss des JWA auf Museen und Archivausstellungen, Neuerwerbungen und Katalogisierungsmethoden ausgewählter Archive und Digitalisierungsprojekte aller Art wahrnehmbar. Seit das JWA gegründet wurde, haben wir einen Anstieg der Aufmerksamkeit für die Geschichte und den Beitrag jüdischer Frauen in jüdischen kulturellen, historischen und Bildungseinrichtungen bemerkt. Auch Institutionen, die sich der Geschichte von Frauen widmen, haben vermehrt Interesse an der Dokumentierung des Einflusses jüdischer Frauen. Neue Bücher über jüdische Frauen wurden geschrieben, neue Filme gemacht, neue Vorlesungen an den unterschiedlichsten Veranstaltungsorten gehalten. Das JWA hat einen breiten und persönlichen Einfluss entwickelt. Es hat die Möglichkeiten der Forschung und Lehre zu jüdischen Frauen verändert. Und es hat Menschen jeden Alters inspiriert durch starke Rollenvorbilder, Geschichten und Ideen.

Aus dem Amerikanischen
von Ewgenia Baraboj

2 — ב

ALLIANZEN

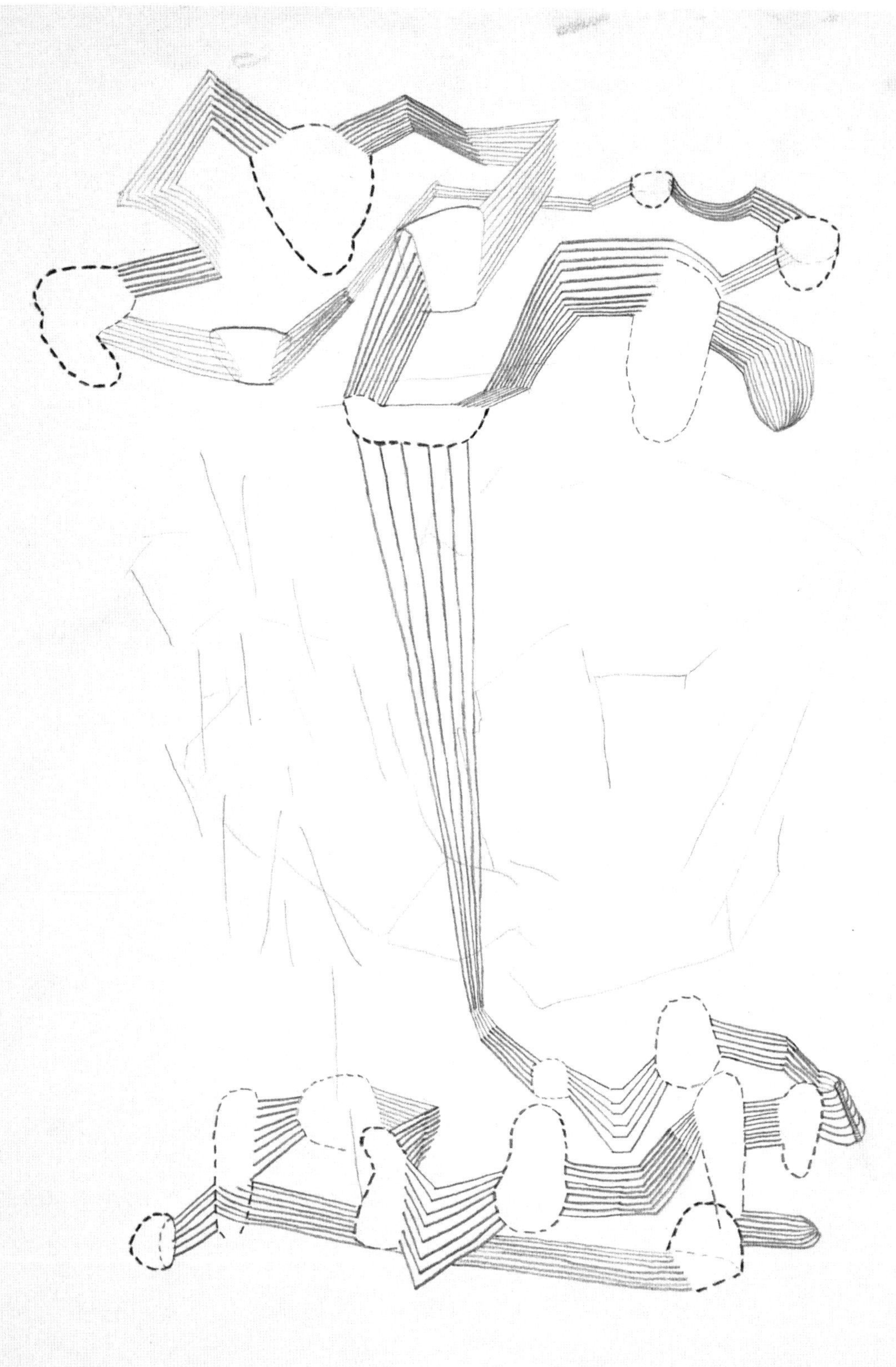

Friederike Pilz
Bedingt, 2009, Grafit auf Papier, 27,5 × 30 cm.

WER REDET FÜR WEN UND MIT WEM?

Oder: Herausforderungen des jüdisch-muslimischen Dialogs in Deutschland – eine muslimische Perspektive

YASEMIN SHOOMAN

Seitdem ich den Aufbau eines Jüdisch-Islamischen Forums an der Akademie des Jüdischen Museums Berlin verantworte, begegnet mir immer wieder die (zuweilen vorwurfsvolle) Frage, ob wir denn das Christentum außen vor ließen. Die Fragesteller*innen sind eigentlich fast immer Angehörige der Mehrheitsgesellschaft. Ich erläutere dann, warum ich es für ausgesprochen wichtig halte, dass wir uns auch Räume schaffen, in denen sich Jüdinnen*Juden und Muslim*innen unter Ausschluss der Mehrheitsbevölkerung begegnen. Wenn Minderheiten in einen Dialog treten, ist die Dominanzkultur, die sie umgibt – in diesem Falle die christlich-säkulare – auf gewisse Weise natürlich trotzdem permanent anwesend. Die Wahrnehmung durch sie strukturiert immer auch das Gespräch der Minoritäten. Deswegen ist es mir in der Themensetzung für unser Forum so wichtig, dass wir uns nicht nur an Fragen abarbeiten, die von *außen* an Jüdinnen*Juden und Muslim*innen herangetragen werden, sondern auch über Dinge sprechen, die die Communities[1] im Inneren bewegen. Dazu zählen Fragen wie Konversion, interreligiöse Beziehungen, feministische Zugänge zu Judentum und Islam – und natürlich auch die Frage, wie wir uns wechselseitig wahrnehmen und welche Ressentiments in unseren jeweiligen Communities existieren.

Ein Beispiel für eine von außen aufgedrängte Debatte, der wir uns stellen mussten, war die sogenannte Beschneidungsdebatte, die 2012 die Gemüter in Deutschland erhitzte und bei der jüdisch-muslimische Allianzen

1 Dies ist kein wissenschaftlicher Aufsatz, ich erlaube mir daher, den Community-Begriff zu verwenden, trotz aller Schwierigkeiten, die die so konstruierte Vorstellung von Gemeinschaften mit sich bringt. Vereinfacht gesprochen meine ich damit alle Menschen, die sich selbst als jüdisch respektive muslimisch identifizieren, unabhängig davon, ob sie die Religion praktizieren, sich eher kulturell verbunden fühlen oder im Sinne von Hannah Arendts Diktum, dass man als das antwortet, als das man angegriffen wird, diese Identität eher als politische Identität für sich begreifen, die durch die Anrufung von außen geformt wird.

nicht in dem Umfang zustande kamen, wie es das Thema vielleicht erwarten ließ. Woran liegt das?

Als das Kölner Landgericht die religiös motivierte Beschneidung von Jungen als rechtswidrige Körperverletzung einstufte, waren die Reaktionen in der muslimischen Community erstaunlich gelassen. Vielerorts war zu hören: „Das wird keinen Bestand haben, das können sie nicht machen, die Juden sind ja auch betroffen." Tatsächlich waren die politischen Reaktionen auf das Urteil einhellig negativ. Bundeskanzlerin Angela Merkel ließ verlautbaren: „Ich will nicht, dass Deutschland das einzige Land auf der Welt ist, in dem Juden nicht ihre Riten ausüben können. Wir machen uns ja sonst zur Komikernation."[2] Solche Statements wirkten einerseits beruhigend auf viele Muslim*innen. Nach den zahlreichen ermüdenden Islam- und Integrationsdebatten der letzten Jahre begünstigten sie die Haltung, sich diesmal ein wenig zurückzulehnen, den jüdischen Vertreter*innen in der Diskussion den Vortritt zu lassen und in ihrem Windschatten zu fahren. Andererseits weckte die Aufmerksamkeitsökonomie der politischen Elite in dieser Debatte auch Gefühle der Ungleichbehandlung. Denn schließlich hatte das Kölner Urteil einem muslimischen Arzt gegolten, der einen muslimischen Jungen auf Wunsch seiner Eltern beschnitten hatte. In der Äußerung der Kanzlerin kommen Muslim*innen, die ihre Riten nicht ausüben können, jedoch nicht vor. Die Einschätzung, dass die Beschneidung heute verboten wäre, wenn sie nur Muslime betroffen hätte – wie es zum Beispiel beim Kopftuch in Teilen des öffentlichen Diensts der Fall ist[3] – weist auf eine Problemlage hin, die den jüdisch-muslimischen Dialog erschwert: Muslim*innen haben den Eindruck, dass sie aufgrund ihrer marginalisierten gesellschaftlichen Position stärker auf Jüdinnen*Juden als Bündnispartner*innen gegenüber der Mehrheitsgesellschaft angewiesen sind als umgekehrt.

Den Anschein, die muslimische Community bei der Artikulation von Minderheitenbelangen eher als „Klotz am Bein" zu empfinden, vermittelte zum Beispiel Charlotte Knobloch 2009, als sie Muslim*innen dafür kritisierte, bei ihrem Moscheebauvorhaben in München auf die neue Synagoge in der Stadt Bezug zu nehmen: „Wir hatten über Jahrhunderte einen festen Platz in Deutschland, haben maßgeblich zur Kulturgeschichte Deutschlands beigetragen. [...] Muslime müssen die Argumente für den Bau einer Moschee aus ihrer eigenen Geschichte schöpfen", so Knobloch.[4] Nach Kritik an dieser ‚Bitte mal hinten anstellen'-Rhetorik, die die Reklamation von Etabliertenvorrechten impliziert, unterstützte Knobloch ein Dreivierteljahr später schließlich doch den Bau des Zentrums für Islam in Europa (ZIEM) mit den Worten, „sie verbinde mit dem Zentrum die Hoffnung, dass die Muslime in München sich nicht länger gegenüber der jüdischen Gemeinde, die 2006 ein Zentrum am

2 „Wir machen uns zur Komikernation". Merkel will Beschneidungen billigen. In: *Focus Online*, 16.07.2010. http://www.focus.de/politik/deutschland/wir-machen-uns-zur-komikernation-merkel-will-beschneidungen-billigen_aid_782613.html (Zugriff am 16.11.2017).

3 Die Tatsache, dass auch orthodoxe Jüdinnen, die ihre Haare bedecken, oder jüdische Männer, die eine Kippa tragen, von diesen Verboten betroffen sein könnten, wird in der öffentlichen Diskussion zu diesem Thema ausgeblendet.

4 Knoblochs Islam-Rede: „Synagoge rechtfertigt Moschee-Bau nicht". In: *Merkur Online*, 04.08.2009. https://www.merkur.de/lokales/regionen/knoblochs-islam-rede-synagoge-rechtfertigt-moschee-bau-nicht-430537.html (Zugriff am 16.11.2017).

St.-Jakobs-Platz eröffnet hat, benachteiligt fühlten."[5] Knobloch fügte dann noch hinzu, „sie hoffe aber auch, dass ein solches Zentrum dazu beitragen werde, antisemitische Ressentiments bei deutschen Muslimen auszuräumen." So verständlich der Wunsch nach einer kritischen Auseinandersetzung von Muslim*innen mit Antisemitismus in ihren eigenen Reihen auch sein mag, ein paternalistischer Beigeschmack blieb durch diese Verknüpfung dennoch bestehen. Es ist jedenfalls kaum vorstellbar, dass Muslim*innen eine ähnliche Erklärung zum Bau einer Synagoge abgeben könnten, verbunden mit der Hoffnung, dort möge bitte eine Auseinandersetzung mit antimuslimischen Ressentiments, die es in der jüdischen Community ja durchaus auch gibt, stattfinden.

Solche Asymmetrien sind nicht eben der ideale Ausgangspunkt für Allianzbildungen. Natürlich ist den meisten Muslim*innen klar, dass jenes Gewicht, das offizielle jüdische Stimmen im öffentlichen Diskurs im postnationalsozialistischen Deutschland haben, mit der Shoah zusammenhängt. Zudem haben Muslim*innen in der Vergangenheit auch immer wieder von diesem Stimmgewicht profitiert. Unvergessen bleibt zum Beispiel der gemeinsame Besuch des damaligen Generalsekretärs des Zentralrats der Juden in Deutschland, Stephan J. Kramer, mit Aiman Mazyek vom Zentralrat der Muslime beim schwerverletzten Ehemann Marwa El-Sherbinis, die im Juli 2009 in Dresden ermordet wurde. Es war diese solidarische Geste Kramers, die in der medialen Berichterstattung die Aufmerksamkeit auf das islamfeindlich-rassistische Motiv der Tat lenkte, die zuvor nur als tragischer Mord im Gerichtssaal eingeordnet worden war. Kramer ist nicht der erste Vertreter des Zentralrats der Juden, der sich für Muslim*innen eingesetzt hat, das haben vor ihm auch schon Persönlichkeiten wie Ignatz Bubis getan, der zu den rassistischen Mordanschlägen in Mölln und Solingen lautstark Stellung bezog und hierfür von Teilen der Mehrheitsgesellschaft Kritik erntete.[6]

Mit dem wachsenden Selbstbewusstsein der anderen Minderheiten als Folge der voranschreitenden gesellschaftlichen Partizipation wird die Rolle der jüdischen Community als Fürsprecherin aber zunehmend als ambivalent erlebt, da Muslim*innen und auch andere Gruppen eigentlich lieber für sich selbst sprechen und vor allem Gehör finden wollen. Hinzu kommt ein Gefühl der Hierarchisierung des Antisemitismus gegenüber anderen Formen des Rassismus im öffentlichen Diskurs. Dies wird aktuell unter anderem an der Einrichtung einer Expert*innenkommission zum Antisemitismus im Auftrag des Bundestages festgemacht, während vergleichbare politische Maßnahmen gegen den antimuslimischen Rassismus, aber auch den Rassismus gegen Rom*nja und Sint*ezza oder gegen Schwarze bislang ausbleiben. Auch der unterschiedliche Umgang mit dem Bundestagsabgeordneten Martin Hohmann,

5 Charlotte Knobloch: Plädoyer für ein islamisches Zentrum. In: *Zentralrat der Juden Online*. http://www.zentralratdjuden.de/de/article/2954.charlotte-knobloch-pl%C3%A4doyer-f%C3%BCr-ein-islamische-zentrum.html (Zugriff am 16.11.2017).

6 Martin Walser warf Ignatz Bubis zum Beispiel vor, durch seine öffentlichen Interventionen und die Anprangerung des Rechtsextremismus nach den Anschlägen von Mölln und Solingen der deutschen Gesellschaft ständig aufs Neue die NS-Verbrechen vorzuhalten – eine klassische Argumentationsfigur des Schuldabwehr-Antisemitismus. Vgl. Wir brauchen eine neue Sprache für die Erinnerung. Das Treffen von Ignatz Bubis und Martin Walser: Vom Wegschauen als lebensrettender Maßnahme, von der Befreiung des Gewissens und den Rechten der Literatur. In: *Frankfurter Allgemeine Zeitung*, 14.12.1998, S. 39–41, hier S. 40.

dessen antisemitische Aussagen zu seinem Ausschluss aus der CDU geführt haben, und Thilo Sarrazin, der nach wie vor SPD-Mitglied ist, werden als Beleg dafür gesehen, dass judenfeindliche Äußerungen in der öffentlichen Kommunikation Sanktionierungen unterliegen, die dazu beigetragen haben, die öffentliche Akzeptanz von Antisemitismus abzubauen. Im Hinblick auf die Stigmatisierung von Muslim*innen fehlt bisher ein vergleichbares Problembewusstsein, im Zuge des durch die Wahlerfolge der AfD sichtbar werdenden Rechtsrucks weiten sich die Grenzen des Sagbaren im Moment sogar noch weiter aus. Dies zu ändern, liegt natürlich nicht im Verantwortungsbereich der jüdischen Community – aber wie eingangs erwähnt, bildet die Wahrnehmung durch die Mehrheitsgesellschaft immer auch die Folie, vor der Minoritäten miteinander interagieren.

Wenn ich mit jüdischen Kolleg*innen spreche, begegnet mir zuweilen eine zu diesem oben beschriebenen Selbst- und Fremdbild spiegelbildlich angeordnete Wahrnehmung. Der Größenunterschied zwischen der muslimischen und jüdischen Community und die sich daraus ergebende nummerische Asymmetrie werden zum Beispiel als ein wichtiger Aspekt der Verletzlichkeit im jüdisch-muslimischen Beziehungsgeflecht empfunden. Die vieldiskutierte Befürchtung, dass mit der Aufnahme einer großen Zahl von Geflüchteten aus arabischen Ländern ein Zuwachs an antisemitischen Haltungen in der hiesigen Gesellschaft einhergehen könnte, erscheint vor diesem Hintergrund emotional vielleicht nachvollziehbar, obgleich ich die pauschale Verdächtigung von Menschen aufgrund ihrer Herkunft bzw. Gruppenzugehörigkeit für sehr bedenklich halte. Dies hatte zum Beispiel Josef Schuster gewollt oder ungewollt nahegelegt, als er sich für eine Obergrenze bei der Aufnahme von Geflüchteten in Deutschland aussprach, und sagte, sie „entstammen Kulturen, in denen der Hass auf Juden und die Intoleranz ein fester Bestandteil sind“.[7]

Natürlich ist nicht wegzureden, dass der Israel-Palästina-Konflikt auch nach Deutschland ausstrahlt und die jüdisch-muslimischen Beziehungen hier belastet. Mit dem Nahostkonflikt sind wir beim Elefanten angelangt, der beim jüdisch-muslimischen Dialog sofort im Raum steht. Um überhaupt miteinander ins Gespräch zu kommen, erscheint es ratsam, diesen Konflikt zunächst einmal auszuklammern und sich auf die Themen, die uns als Minderheiten in Deutschland betreffen, zu fokussieren. Irgendwann lässt sich die Gretchenfrage, wie hältst Du es mit Israel-Palästina, die an Identitäts- und Loyalitätsfragen beider Gruppen rührt, nicht mehr umschiffen, doch da stehen wir im jüdisch-muslimischen Dialog erst am Anfang. Aus muslimischer Sicht gehört hierzu, auch über das Existenzrecht Palästinas zu reden. Zugleich müssen wir uns als muslimische Community stärker mit der Frage auseinandersetzen, wann die Kritik am Staat Israel und den vielfältigen Unrechtserfahrungen der Palästinenser*innen ins Ressentiment kippt bzw. von Ressentiments überlagert wird. Hier besteht noch viel Gesprächsbedarf. Darüber hinaus gibt es aber die besorgniserregende Entwicklung, dass es seit einigen Jahren in Deutschland immer wieder zu tätlichen Angriffen auf Jüdinnen*Juden und Synagogen durch Täter*innen mit muslimischem Hintergrund kommt. Solche Taten sind durch nichts

7 Jacques Schuster: Wir werden um Obergrenzen nicht herumkommen. In: *Die Welt Online*, 23.11.2015. https://www.welt.de/politik/deutschland/article149136577/Wir-werden-um-Obergrenzen-nicht-herumkommen.html (Zugriff am 16.11.2017).

zu entschuldigen. Wenn jemand, wie im Falle von Rabbiner Daniel Alter, gefragt wird, ob er Jude sei und anschließend brutal niedergeschlagen wird, dann ist das nichts anderes als unverhohlener Judenhass. Viele Muslim*innen sind beschämt über diese Vorfälle und es schmerzt, wenn eine andere Minderheit durch Angehörige der eigenen Gruppe, die selbst unter rassistischer Ausgrenzung zu leiden hat, so angegangen wird.

Es frustriert allerdings auch, wenn die Zeichen, die Muslim*innen gegen den Antisemitismus in ihren eigenen Reihen setzen, ignoriert werden. Anders sind die Äußerungen des neuen Antisemitismusbeauftragten der Jüdischen Gemeinde Berlin, Sigmount Königsberg, der mit den Worten „Muslime dürfen nicht länger schweigen" in mehreren Zeitungen zitiert wurde, nicht zu erklären. Schweigen Muslim*innen wirklich? Oder haben wir es hier eher mit der Frage zu tun, wessen Stimmen gehört werden und wessen nicht? Nach dem massiven Mobbingvorfall gegen einen jüdischen Schüler durch muslimische Schüler*innen an einer Friedenauer Oberschule, in Folge dessen der Junge die Schule verlassen musste, veröffentlichten zum Beispiel mehrere große und kleine muslimische Dachverbände sowie Moscheevereine, darunter der Zentralrat der Muslime in Deutschland und die Islamische Föderation, die den islamischen Religionsunterricht an Berliner Grundschulen ausrichtet, im April 2017 einen Offenen Brief. Darin heißt es:

> *Mit Entsetzen haben wir den Medien entnehmen müssen, dass Schüler*innen jüdischen Glaubens aufgrund ihrer Religion von muslimischen Mitschüler*innen gehänselt, beschimpft und bedroht wurden und werden. Wir verurteilen dies sehr und appellieren an alle, die sich als muslimisch betrachten, sich auch unserem Glauben würdig zu verhalten. Die Diskriminierung von Andersgläubigen lässt sich nach unserer Überzeugung nicht mit dem islamischen Glauben rechtfertigen.*[8]

Weiterhin bieten die Unterzeichnenden an, gemeinsam mit jüdischen Vertreter*innen die Friedenauer Schule „und andere Schulen zu besuchen, in denen es zu antisemitischen Äußerungen durch muslimische Schüler*innen kam".[9] Wenn der Antisemitismusbeauftragte der Jüdischen Gemeinde Berlin nur wenige Monate später der Deutschen Presse-Agentur sagt, er sei „zu Gesprächen mit muslimischen Verbänden bereit, allerdings kann dies keine Einbahnstraße sein", so blendet er solche öffentlichen Positionierungen aus und suggeriert, es fehle an Dialogbereitschaft auf muslimischer Seite.[10]

Hier wiederholt sich ein Muster, das Muslim*innen aus dem breiten öffentlichen Diskurs kennen, wenn trotz der Distanzierungen nach islamistischen Anschlägen wiederkehrend der Vorwurf erhoben wird, die

---

8 Neuköllner Begegnungsstätte e. V.: Gemeinsamer Brief von Muslimen gegen die Diskriminierung und Ausgrenzung von jüdischen Mitschüler*innen. http://www.nbs-ev.de/presse/24-gemeinsamer-brief-von-muslimen-gegen-die-diskriminierung-und-ausgrenzung-von-juedischen-mitschueler-innen (Zugriff am 16.11.2017). Vgl. auch Berliner Muslimverbände verurteilen Antisemitismus. In: *rbb24*, 05.05.2017. https://www.rbb24.de/politik/beitrag/2017/05/berliner-muslimverbaende-verfassen-offenen-brief-gegen-antisemit.html (Zugriff am 16.11.2017).

9 Neuköllner Begegnungsstätte e. V.: Gemeinsamer Brief von Muslimen gegen die Diskriminierung und Ausgrenzung von jüdischen Mitschüler*innen.

10 Antisemitismus-Beauftragter der Jüdischen Gemeinde Berlin. „Muslime dürfen nicht länger schweigen". In: *Der Tagesspiegel Online*, 30.10.2017. http://www.tagesspiegel.de/berlin/antisemitismus-beauftragter-der-juedischen-gemeinde-berlin-muslime-duerfen-nicht-laenger-schweigen/20521510.html (Zugriff am 16.11.2017).

hiesigen Muslim*innen würden sich von solchen Taten nicht genügend abgrenzen. Deutlich leichter haben es offenbar die sogenannten muslimischen Islamkritiker*innen, sich Gehör zu verschaffen. Für große Irritation innerhalb der muslimischen Community sorgte jedenfalls die Auszeichnung von Hamed Abdel-Samad mit der Josef-Neuberger-Medaille durch die Jüdische Gemeinde Düsseldorf im Oktober 2015: „Zum ersten Mal werden in diesem Haus Muslime geehrt, die sich auf besonders bemerkenswerte Weise und manchmal gegen den Mainstream in der islamischen Welt gegen Antisemitismus einsetzen", so der Vorstandsvorsitzende der Gemeinde, Oded Horowitz, in seinem Grußwort.[11] Abdel-Samad, der mit Büchern wie *Mohamed – Eine Abrechnung* Bestseller landete, sieht den Islam als nicht reformierbar an und verunglimpft ihn als „Form der organisierten Kriminalität" und als „Mafia".[12] Den Propheten Mohamed vergleicht er mit keinem geringeren als Hitler.[13] Seit Jahren fungiert er in islamfeindlichen Zirkeln als muslimischer Kronzeuge und so verwundert es nicht, dass er auch bei der AfD ein gern gesehener Gast und Referent ist. Wenn ausgerechnet solche Personen von jüdischen Gemeinden als Verbündete im Kampf gegen Antisemitismus gewürdigt werden, so sendet dies nicht nur fatale Signale in Richtung der muslimischen Community. Solche Dialogpartner*innen erzeugen überdies auch keine Resonanz und haben keine Wirkmächtigkeit in Richtung der Muslim*innen, da sie über keinerlei Anbindungen an die Community verfügen. Sie adressieren mit ihrer ‚Islamkritik' im Habitus der Renegat*innen lediglich die Mehrheitsgesellschaft, wo sie viel und gerne rezipiert werden, bestätigen sie doch die weit verbreiteten antimuslimischen Stereotype.

Und hier wären wir wieder beim dominanten öffentlichen Diskurs angelangt. Zur komplexen Gemengelage, die die jüdisch-muslimischen Beziehungen rahmt, gehört die Instrumentalisierung des Antisemitismusvorwurfs gegenüber Muslim*innen zum Zwecke der Ausgrenzung der muslimischen Minderheit. Zuweilen hat es in den Debatten nämlich den Anschein, als hätte sich der Antisemitismus in der Mehrheitsgesellschaft vollständig erübrigt und als bestünde die neue Rolle der Deutschen – überspitzt formuliert – nun darin, Jüdinnen*Juden vor Muslim*innen zu beschützen.[14] So schwingt sich selbst die AfD zum „politischen Garanten jüdischen Lebens in Zeiten illegaler antisemitischer Migration nach Deutschland"[15] (Frauke Petry) auf, und die stellvertretende AfD-Bundesvorsitzende Beatrix von Storch rechtfertigte die Islamfeindlichkeit ihrer Partei unter anderem mit dem Argument, antisemitische Übergriffe hätten heutzutage überwiegend einen islamistischen Hintergrund.[16] Das entspricht zwar einer Verkehrung der realen

11 Zlatan Alihodzic: Erstmals Muslime geehrt. In: *Jüdische Allgemeine*, 29.10.2015. http://www.juedische-allgemeine.de/article/view/id/23699 (Zugriff am 16.11.2017).

12 Vgl. Hamed Abdel-Samad: *Mohamed. Eine Abrechnung.* München: Droemer Knaur 2015, S. 96–105.

13 Vgl. ebd., S. 193–196, 207–208.

14 Vgl. Iman Attia: Kulturrassismus und Gesellschaftskritik. In: Dies. (Hrsg.): *Orient- und IslamBilder. Interdisziplinäre Beiträge zu Orientalismus und antimuslimischem Rassismus.* Münster: Unrast 2007, S. 5–28, hier S. 15.

15 Matthias Kamann: „AfD ist einer der wenigen Garanten jüdischen Lebens". In: *Die Welt*, 06.04.2017. https://www.welt.de/politik/deutschland/article163446354/AfD-ist-einer-der-wenigen-Garanten-juedischen-Lebens.html (Zugriff am 16.11.2017).

16 Vgl. AfD: Politischer Islam ist größte Bedrohung für Demokratie. In: *Neue Osnabrücker Zeitung*, 19.04.2016. http://www.presseportal.de/pm/58964/3304772 (Zugriff am 16.11.2017).

Gegebenheiten, denn nach wie vor werden antisemitische Straftaten zu gut 90 % von Rechtsradikalen verübt, die AfD hat aber – wie andere rechtspopulistische Parteien in Europa auch – erkannt, dass sie mit offen antisemitischen Ressentiments im bürgerlichen Lager nicht mehr genauso gut punkten kann wie mit antimuslimischen.[17] Mit der Selbstinszenierung als vermeintliche Kämpfer gegen Antisemitismus (wohlgemerkt nur gegen den von muslimischer Seite) versuchen bestimmte Strömungen dieser Parteien, sich bei Jüdinnen*Juden anzubiedern, werben um ihre Stimmen und haben sogar – wie im Falle der AfD – jüdische Bundestagskandidat*innen aufgestellt.[18]

Doch nicht nur Rechtspopulist*innen versuchen, die jüdische Minderheit in Abgrenzung zur muslimischen zu vereinnahmen. Auch in einem gewissen Spektrum des linken Lagers, bei den sogenannten Antideutschen, findet sich dieses Muster. Die Überidentifikation mit Jüdinnen*Juden, aber vor allem mit Israel geht bei dieser lautstarken linken Splittergruppe zum Teil mit der Verachtung für Araber*innen und Muslim*innen einher, die als die Hauptträger*innen des Antisemitismus und religiöse Hinterwäldler gesehen werden. Ich erinnere mich in diesem Zusammenhang noch gut an ein Gespräch, das ich nach einem Vortrag über das Verhältnis von Antisemitismus und antimuslimischen Rassismus mit einem antideutschen Aktivisten hatte, der mir erklärte, dass wenn in Deutschland Synagogen brennen, das immer etwas mit Auschwitz zu tun habe; brennen hingegen Moscheen, so könne dies auch Ausdruck von Religionskritik sein. Während Rechtspopulist*innen sich zu dem Widerspruch nicht weiter äußern, wie die antimuslimischen Maßnahmen, die sie fordern – wie ein Schächt- und Beschneidungsverbot – mit ihrem vermeintlichen Anspruch, die „Garanten jüdischen Lebens" zu sein, zusammengehen, findet sich in antideutschen Milieus der argumentative Spagat, jüdische und islamische Riten gegeneinander auszuspielen und zum Beispiel die jüdische Beschneidung als ‚humane Beschneidung' von der ‚barbarischen' muslimischen Beschneidungspraxis abzugrenzen. So heißt es in einem Artikel der antideutschen Zeitschrift *Bahamas*:

> *Zu unterscheiden wäre von Anfang an gewesen zwischen der von jüdischen und auch von vielen christlich oder nicht religiös gebundenen Menschen an ihren männlichen Säuglingen vollzogenen Beschneidung und der Beschneidung von Knaben, die vier Jahre und älter sind.* [...] *Eine ganze Beschneidungsdebatte lang ist geflissentlich verwischt worden, was auf der Hand liegt. Jedenfalls bezüglich möglicher Beeinträchtigungen in Form von Traumatisierungen wäre kein Wort über den jüdischen Brauch zu verlieren gewesen, sondern allein über den vor allem von Moslems praktizierten.*[19]

Entsprechend sind jüdisch-muslimische Allianzen, die diese Umarmungsversuche unterlaufen, einigen Antideutschen offenbar ein

17 Nichtsdestotrotz zeigen Personen, die die AfD als Partei präferieren, eine auffällig hohe Zustimmung zu Antisemitismus. Vgl. Bericht des Unabhängigen Expertenkreises Antisemitismus, S. 282. http://dip21.bundestag.de/dip21/btd/18/119/1811970.pdf (Zugriff am 16.11.2017).

18 Vgl. dazu auch Micha Brumlik: Juden, Judentum und Rechtspopulismus. In: *Jalta. Positionen zur jüdischen Gegenwart* 1 (2017), S. 132–134.

19 Justus Wertmüller: Jüdische Identität dringend gesucht. Sieben Thesen zur deutschen „Beschneidungsdebatte". In: *Bahamas* 65 (2012/13). http://www.redaktion-bahamas.org/auswahl/web65-2.html (Zugriff am 16.11.2017).

Dorn im Auge. Als jüdische Organisationen während der Beschneidungsdebatte in Berlin zu einer Demonstration aufriefen und „Respekt für jüdische und muslimische Eltern [forderten], die ihre Kinder nicht weniger lieben[,] als die Eltern der deutschen Mehrheitsgesellschaft dies tun"[20], reagierte die *Bahamas*-Redaktion jedenfalls empört:

> *Einigermaßen verwundert stellt man im September 2012 fest, dass die perfide, ursprünglich von antirassistischen Rassekundlern und Israelhassern erfundene Gleichsetzung von ‚antisemitischen und antimuslimischen Vorurteilen und Ausgrenzungen' auch von jüdischen Organisationen zum festen Bestandteil der herrschenden Ideologie in Deutschland erklärt wird.*[21]

Sobald Jüdinnen*Juden sich nicht mehr in antimuslimische Argumentationen einbinden lassen, ziehen sie also den Zorn manch eines ihnen sonst vorgeblich so wohlgesonnenen Antideutschen auf sich.

Auch wenn es heute zwar in erster Linie Muslim*innen sind, an deren sichtbarer Präsenz sich die Fragen von Norm und Abweichung eines sich als säkular verstehenden Europas entzünden, so rufen diese Debatten doch stets auch die jüdische Erfahrung der Assimilationsforderungen durch die Mehrheitsgesellschaft als Voraussetzung für die Gewährung von gesellschaftlicher Teilhabe im 19. Jahrhundert ins Gedächtnis. Der Anpassungsdruck an ein christliches, genauer gesagt: protestantisches Verständnis von Religion als einem inneren Glauben und als Privatsache, der man innerhalb der eigenen vier Wände nachgeht, stellt zudem für praktizierende Jüdinnen*Juden und Muslim*innen gleichermaßen eine Herausforderung dar. Denn für beide Gruppen spielen die an religiösen Gesetzen ausgerichteten (Alltags-)Handlungen – wie die Einhaltung von Speisegeboten, das ritualisierte Gebet usw. – eine besondere Rolle. Darüber hinaus hat nicht zuletzt die Beschneidungsdebatte gezeigt, wie schnell die Ressentiments und tradierten Stereotype gegen religiöse Bräuche des Judentums (re-)aktiviert werden können. Der massive Rechtsruck in der Gesellschaft bedroht uns jedenfalls alle, egal ob religiös praktizierend oder nicht, denn er stellt die Zugehörigkeit und den gesellschaftlichen Platz der muslimischen und jüdischen Minderheiten – und natürlich auch anderer rassifizierter Gruppen wie den Rom*nja und Sint*ezza oder Schwarzen – generell in Frage. Nicht nur vor diesem Hintergrund ist es erforderlich, jüdisch-muslimische Beziehungen zu stärken und uns nicht gegeneinander ausspielen zu lassen. Das Ausloten des Spannungsverhältnisses zwischen Anpassung an eine Mehrheitskultur und Bewahrung von Eigenständigkeit und Tradition ist eine Schnittmenge jüdisch-muslimischer Interessen, die eine gute Basis für den Dialog sein kann. Hierfür sollten wir uns – und damit kehre ich an meinen Ausgangspunkt zurück – geschützte Räume für den Austausch schaffen, in denen langsam Vertrauen aufgebaut werden kann und auch konfliktbeladene und sensible Themen angesprochen werden können. Mit den begonnenen Dialoginitiativen wie unserem Jüdisch-Islamischen Forum am Jüdischen Museum Berlin ist ein Anfang gemacht, aber vor uns liegt noch ein langer Weg.

---

20 AVIVA-Redaktion: Aufruf zur Demonstration: „Auf Messers Schneide – Religionsfreiheit. In: *AVIVA-Berlin*, 09.09.2012. http://www.aviva-berlin.de/aviva/content_Public%20Affairs.php?id=141353 (Zugriff am 16.11.2017).

21 Hauptsache Respekt. Die Beschneidungsdebatte und ihre Nutznießer. In: *Bahamas*, 27.09.2012. http://redaktion-bahamas.org/aktuell/20120927berlin.html (Zugriff am 16.11.2017).

© Kfir כפיר Harbi

SUAD'S STUFFED CARROTS

JALIL DABIT

Served by Jalil جليل Dabit at his restaurants Samir's (Ramla, Israel) and Kanaan (Berlin, Germany), inspired by his mother Suad's سواد recipe, inherited across many generations

INGREDIENTS
10 carrots (mid-sized, thick)
1 cup of rice (round, white)
½ spoonful nutmeg (אגוז מוסקט)
1 spoonful allspice (פלפל אנגלי)
½ spoonful salt
Cinnamon (small pinch)
Olive oil (generous splash)
10 dried sour plums (قراصية)
1 cup lemon juice (squeezed)
Salt (small pinch)
5 garlic cloves (sautéed)

METHOD Peel the carrots and carve from both ends to create a hollow center (keep the excess innards).

Rinse the rice before adding ½ spoonful of nutmeg, 1 spoonful of allspice, ½ spoonful of salt, 1 small pinch of cinnamon and 3 spoonfuls of olive oil, then mix thoroughly.

Fill the carrots from both ends and cook them with the excess innards for half an hour or until the carrots become tender, then add the sour plums.

Add lemon and salt to the pot, then the sautéed garlic cloves and cook for a few more minutes.

Guten Appetit! בתאבון

Translated from the Hebrew and the Arabic by Lianne ליאן *Merkur*

„DAS GESETZ DER ALLIANZ"

Interreligiöse Ehen – eine Herausforderung nicht nur im 19. Jahrhundert

EVA LEZZI

Der Konfettiregen über Volker Beck nach dem positiven Abstimmungsergebnis zur „Ehe für alle" im Bundestag ist ein beeindruckendes Bild für die Komplexität der Ehe: Die Ehe ist ein Politikum, ein juristisches Regelwerk, ein diskursiv umkämpftes Terrain und eine emotional hoch aufgeladene Verbindung zwischen Individuen, die nach heutigem hiesigen Verständnis idealiter Liebe, Sex, Familiengründung und Beständigkeit einschließt. Eine Überforderung? Ein Dispositiv im wahrsten Foucaultschen Sinne! Im 19. Jahrhundert galt der emanzipative Kampf nicht der gleichgeschlechtlichen, sondern der interreligiösen Ehe, die laut dem 1794 verabschiedeten *Allgemeinem Landrecht für die Preußischen Staaten* (ALR) nicht möglich war, da dieses nur religiöse Trauungen, keine Zivilehe vorsah. Letztere wurde in Preußen erst 1874 und im Deutschen Reich 1875 als obligatorisch durchgesetzt.[1] Im ALR herrschte bis dahin – neben der nicht weiter hinterfragten Heteronormativität – eine Normativität des Christentums. Als allgemein gültiger Maßstab für eine Eheschließung wurde die christliche Trauung gesetzlich vorgeschrieben:

> *§. 136. Eine vollgültige Ehe wird durch die priesterliche Trauung vollzogen.*
> *§. 137. Zwischen Personen fremder im Staate geduldeter Religionen, wird die Vollziehung einer vollgültigen Ehe lediglich nach den Gebräuchen ihrer Religion beurteilt.*[2]

1 Der entscheidende § 41 findet sich im Abschnitt „Form und Beurkundung der Eheschließung": „Innerhalb des Gebietes des Deutschen Reiches kann eine Ehe rechtsgültig nur vor dem Standesbeamten geschlossen werden." (Gesetz über die Beurkundung des Personenstandes und die Eheschließung. In: *Deutsches Reichsgesetzblatt* 4 (1875), S. 23–40. https://de.wikisource.org/wiki/Gesetz_%C3%BCber_die_Beurkundung_des_Personenstandes_und_die_Eheschlie%C3%9Fung (Zugriff am 09.01.2018).)

2 *Allgemeines Landrecht für die Preußischen Staaten von 1794*, Textausgabe. Frankfurt am Main / Berlin: Metzner 1970, S. 349.

Es ist jedoch insbesondere § 36 des Abschnitts „Von den Erfordernissen einer gültigen Ehe“, auf den sich im 19. Jahrhundert die Debatte um interreligiöse Eheschließungen bezog:

> *§. 36. Ein Christ kann mit solchen Personen keine Heirath schließen, welche nach den Grundsätzen ihrer Religion, sich den christlichen Ehegesetzen zu unterwerfen gehindert werden.*[3]

Die Herausforderung im 19. Jahrhundert bestand jedoch darin, dass im Gebiet Preußens die Religionen gesellschaftlich durchmischt waren: Mit der Aufhebung des Ghettozwangs und infolge des Emanzipationsedikts von 1812 teilen Jüd*innen kulturell und geschäftlich, in Bildungsinstitutionen und beruflichen Zusammenhängen über weite Strecken den Alltag mit Christ*innen. Zudem war das Modell der romantischen Liebe, in der Paare sich über die Grenzen der Herkunftsfamilien hinweg individuell finden, längst salonfähig. Die Eheschließung aber verlangte Grenzziehungen! Und ohne Zweifel lag vor der Einführung der Zivilehe der Zwang zum Konvertieren, d. h. zur gleichsam künstlichen Herstellung einer monoreligiösen Situation, beim jüdischen Partner, der jüdischen Partnerin.

Die zeitgenössischen Debatten um die Zivilehe und die damit zusammenhängenden gesellschaftlichen Transformationsprozesse haben in der Belletristik des 19. Jahrhunderts einen privilegierten Austragungsort gefunden. Interreligiöse Liebesbeziehungen zwischen Männern und Frauen avancieren zu einem zentralen literarischen Paradigma des Zusammenlebens und beerben das gegen Ende des 18. Jahrhunderts vorherrschende Bild der christlich-jüdischen Männerfreundschaft. Erotische Verhältnisse, Liebe und Ehe zwischen Jüd*innen und Christ*innen sind in der Literatur des 19. Jahrhunderts demnach ein weit verbreiteter, höchst divers behandelter Topos, der jüdische wie nichtjüdische Autor*innen beschäftigt.[4] Dabei steht meist das unterschiedlich bedingte und unterschiedlich reflektierte Scheitern dieser Beziehungen im Vordergrund.

Fanny Lewald ist eine der ersten Autor*innen, die den gesellschaftlichen Missstand der geltenden Ehegesetzgebung konkret anprangert. In ihrem 1843 publizierten Roman *Jenny* konstruiert sie verschiedene interreligiöse Liebesgeschichten, die alle zum Scheitern verurteilt sind. Die Geschwister Eduard und Jenny aus großbürgerlichem jüdischen Haus lieben beide einen Christen bzw. eine Christin. Interessant ist das Geschlechtermodell, mit dem Lewald die Frage nach der Konversion als Vorbedingung für eine Eheschließung unterlegt und das sie im Lauf des Romans kritisch hinterfragt. Eduard lehnt für sich eine Konversion grundsätzlich ab, um sich stattdessen über politisches Engagement (letztendlich vergeblich) für die „Ehe zwischen Christen und Juden“[5] einzusetzen. An seine Geliebte Clara schreibt er:

> *Es ist nicht der Glaube, der mich an das Judentum bindet: ich bin weder Jude noch Christ in dem Sinne der Menge* […]. *Aber meine Ehre fesselt mich an mein Volk, das gleich mir in Unterdrückung seufzt.*[6]

---

3 Ebd., S. 346.

4 Siehe Eva Lezzi: *„Liebe ist meine Religion!“ Eros und Ehe zwischen Juden und Christen in der Literatur des 19. Jahrhunderts.* Göttingen: Wallstein 2013; Katja Garloff: *Mixed Feelings. Tropes of Love in German Jewish Culture.* Cornell: Cornell UP 2016.

5 Fanny Lewald: *Jenny*. München: dtv 1996, S. 160.

6 Ebd., S. 167.

Ganz anders urteilt er mit Blick auf seine Schwester Jenny, die sich mit dem angehenden Pastor Reinhard verbinden möchte:

> *„Wen das Weib liebt, dem glaubt sie!" sagte er [Eduard]. „Jeder Mann ist seiner Geliebten der Verkünder eines neuen Glaubens; Liebe ist die Offenbarung, in der das Weib den Geliebten als gottgesandten Messias erblickt. Wenn Jenny wahrhaft liebt, wie ich gewiß bin, wird sie glauben, woran sie will! Sie wird glücklich machen und das ist genug, um auch glücklich zu sein."*[7]

Dieses Konzept wird nicht aufgehen: Anders als ihr Bruder konvertiert Jenny zwar tatsächlich, die Zeit der Verlobung mit Reinhard ist jedoch von dessen Glaubensstarre ebenso wie von Jennys nachhaltigen Glaubenszweifeln belastet und führt letztendlich nicht zu einer Verehelichung. Frühe Konversion zum Christentum und theologisch begründete Zweifel an eben diesem beruhen bei Fanny Lewald auf eigenen Erfahrungen, die sie in ihrer Autobiographie *Meine Lebensgeschichte* (1861/62)[8] näher schildert.

Der Roman *Jenny* widmet sich nicht nur dem Konversionszwang, der jüdischerseits einen radikalen Wechsel des Herkunftsmilieus verlangt, sondern auch gesellschaftlichen, antijüdischen Vorurteilen. Clara lehnt es ab, mit Eduard im Ausland eine interreligiöse Eheschließung einzugehen, da ihre Eltern eine Ehe mit einem Nichtchristen nicht billigen würden. Jenny wiederum, die nach der Auflösung ihrer Verlobung als Christin im jüdischen Elternhaus lebt, wird später einen Grafen lieben. Graf Walter, wie Jenny ein Freigeist, lässt sich als Adeliger aufgrund von despektierlichen Bemerkungen über seine Verlobte, das „Judenmädchen" aus reichem Bankiershaus,[9] zum Duell provozieren. Er erliegt einer Schusswunde, und Jenny stirbt ihm ad hoc hinterher. Begraben wird Jenny – getrennt von ihrem Bräutigam, getrennt von ihrer Herkunftsfamilie – auf einem christlichen Friedhof. Die letzten Worte des Romans gehören Jennys Bruder:

> *„Wir leben", sagte er mit der Begeisterung eines Sehers, „um eine Zeit zu erblicken, in der keine solche Opfer auf dem Altare der Vorurteile bluten! Wir wollen leben, um eine freie Zukunft, um die Emanzipation unseres Volkes zu sehen!"*[10]

Das Emanzipationspathos dieses Tendenzromans wird jedoch längst nicht von allen zeitgenössischen Autor*innen geteilt. Auch jüdischerseits gibt es literarische Positionierungen gegen interreligiöse Ehen, die ein halachisches Leben und den Fortbestand des Judentums unmöglich machen würden. Verstärkt finden sich diese Stimmen in der sogenannten neo-orthodoxen Literatur, die sich in der zweiten Hälfte des 19. Jahrhunderts – auch als Gegenentwurf zur reformorientierten Belletristik – verbreitet.[11] Dabei machen gerade literarische Beispiele deutlich, dass

7 Lewald: *Jenny*, S. 112.

8 Fanny Lewald: *Meine Lebensgeschichte*. 3 Bde. Königstein i. Ts.: Helmer 1988–1989, insb. Bd. 1: Im Vaterhause.

9 Lewald: *Jenny*, S. 319.

10 Ebd., S. 322.

11 Jonathan M. Hess: Fiction and the Making of Modern Orthodoxy 1857–1890. Orthodoxy and the Quest for the German-Jewish Novel. In: *Leo Baeck Institute Year Book* 52 (2007), S. 49–86; Eva Lezzi: Secularism and Neo-Orthodoxy. Conflicting Strategies in Modern Orthodox Fiction. In: Ari Joskowicz / Ethan B. Katz (Hrsg.): *Secularism in Question. Jews and Judaism in Modern Times*. Philadelphia: University of Pennsylvania Press 2015, S. 208–231; Anja Kreienbrink: *Neo-orthodoxe jüdische Belletristik in Deutschland (1859–1888). Ordnung, Grenze und Wandel*. Berlin: de Gruyter 2018 (im Erscheinen).

der Kulturkampf um interreligiöse Ehen weit mehr umfasst als die Eheschließung und -führung, nämlich auch die Hinterfragung von scheinbar selbstverständlichen kulturellen Normen. Romantische Liebe, die doch universell allen – unabhängig von Stand und Herkunft – offenstehen soll, entpuppt sich als christliches Konstrukt, welches einer halachischen Vorstellung von Liebe, die als *Ahava* erst innerhalb einer Ehe wächst,[12] fundamental widerspricht.

Sara Guggenheim, Tochter des neo-orthodoxen Rabbiners Samson Raphael Hirsch, hat unter Pseudonym bzw. Akronym zahlreiche Erzählungen in den beiden maßgeblichen neo-orthodoxen Periodika des 19. Jahrhunderts publiziert. In der Novelle *Aus der Gegenwart II* (erschienen 1863/64) liebt ein bürgerliches jüdisches Mädchen einen christlichen Grafen und *vice versa*. Aurelies Vater verweigert sein Einverständnis zu einer möglichen Eheschließung, woraus sich folgender Disput mit seiner Tochter ergibt:

> *„Aber Gott selbst hat die Liebe in mein Herz gelegt, und die Liebe ist meine Religion!“ rief Aurelie heftig.*
>
> *„Die Liebe ist Deine Religion,“ höhnte Werner, „nun so liebe denn, liebe, aber wozu noch taufen? treib der Liebesgöttin Cultus, sei des Grafen –“*
>
> *„Lieber sterben!“ rief Aurelie mit glühenden Wangen.*
>
> *„Lieber sterben!“ wiederholte Werner ernst und legte sanft seine Hand auf ihre Schulter, „das sprach meine Tochter. – Aber nach der Taufe wolltest Du ihm angehören?“*
>
> *„Als seine Gattin ja.“*
>
> *„Als seine Gattin nie – Ob getauft oder nicht, Du bist Jüdin, und keine Macht der Erde kann eine Jüdin je zur Gattin eines Christen machen. Mag die Welt dich so nennen, in den Augen Deines Vaters in denen aller rechtdenkenden Juden und in denen deines Gottes wärst du nicht nur eine Abtrünnige, sondern auch – eine Gefallene –“*[13]

Das väterliche Familienoberhaupt entpuppt sich einerseits als autoritärer Patriarch, der für die moralische Ausgrenzung seiner Tochter noch nicht einmal die Rückversicherung einer wie auch immer gearteten jüdischen Gemeinschaft bedarf. Andererseits wird der Verlauf der Novelle ihm Recht geben: Der Graf erweist sich als maßloser Libertin, der auch in der Eheschließung mit der ‚schönen Jüdin‘ v. a. die Befriedigung seiner sexuellen Lust und nicht partnerschaftliche Liebe sucht. Die Ehe endet mit Flucht und Rückkehr der Tochter und ihres Söhnchens ins väterliche Haus. *Neo*-orthodox ist die Novelle insofern, als der Vater Aurelie mit offenen Armen empfängt und deren mangelnde religiöse Festigkeit seiner eigenen fehlerhaften Erziehung ankreidet. Ganz zu schweigen vom Versagen seiner Frau, der Mutter Aurelies, die er aufgrund ihres verwerflichen Paktierens mit dem Grafen längst verstoßen hat.

Auch nach Einführung der Zivilehe, die nun keine Konversion mehr verlangt, positionieren sich Autor*innen wie Sara Guggenheim oder Marcus Lehmann vehement gegen interreligiöse Ehen. In drastischen Szenarien werden diesen Ehen falsche Beweggründe (nicht nur) seitens der Nichtjüd*innen (sexuelle und ökonomische Gier, Bekehrungsabsichten) und

12 Ruth Berger: *Sexualität, Ehe und Familienleben in der jüdischen Moralliteratur (900–1900)*. Wiesbaden: Harrassowitz 2003.

13 [Sara Guggenheim]: Aus der Gegenwart II. Novelle von S… In: *Jeschurun* 10,1–6 (1863–1864), S. 14–22 bis S. 204–214, hier S. 88.

schlimme Folgen (Verlust der jüdischen Identität, gesellschaftlicher und innerehelicher Antisemitismus) unterstellt. Im Übrigen erfolgt in der neo-orthodoxen Belletristik die Grenzziehung auch innerjüdisch: Die Verehelichung mit einem liberalen oder säkularen jüdischen Partner bzw. einer Partnerin steht unter ähnlich fatalen Vorzeichen.

An der im 19. Jahrhundert heftig tobenden Kontroverse für und wider eine Einführung der Zivilehe beteiligten sich auch die zeitgenössischen Rabbiner aller Denominationen. Der diskursive Kampf involviert u. a. Bibel- und Talmudauslegungen,[14] Reformforderungen an das jüdische Heiratszeremoniell, die Hoffnung auf wechselseitige Annäherungen, Warnungen vor dem Untergang des Judentums sowie juristische Forderungen, in interreligiösen Ehen etwa hinsichtlich der Kindererziehung, bei Scheidung oder Todesfall nicht doch wieder das Christentum zu privilegieren. 1844 beschloss die (liberal ausgerichtete) Braunschweiger Rabbinerversammlung Folgendes:

> *Die Ehe eines Juden mit einer Christin, die Ehe mit Angehörigen monotheistischer Religionen überhaupt ist nicht verboten, wenn den Eltern von den Staatsgesetzen gestattet ist, die aus solcher Ehe erzielten Kinder auch in der israelitischen Religion zu erziehen.*[15]

Zugleich jedoch sprach sich die Rabbiner-Konferenz eindeutig gegen die Möglichkeit einer rabbinischen Trauung interreligiöser Ehen aus. So blieb Rabbiner Samuel Holdheim meines Wissens nach der einzige zeitgenössische Rabbiner, der christlich-jüdische Eheschließungen auch tatsächlich eingesegnet hat. Dieser enorme Reformschritt birgt auch Ambivalenzen, die nicht zuletzt angesichts der Schriften Holdheims deutlich werden. Hier stellt er – gerade im Hinblick auf die jüdische Eheschließungspraxis – so weitgehende Akkulturationsforderungen, dass sie de facto an jüdische Selbstaufgabe grenzen.[16]

Und heute? Welche Herausforderungen gelten im Kontext von interreligiösen Eheschließungen? Während zwischen 1875 und 1933 in Preußen bzw. im Deutschen Reich durchschnittlich „14 % aller jüdischer Eheschließenden außerhalb des Judentums"[17] heirateten, sind es heute über 50 %. Und doch gibt es in der offiziellen Nachkriegs-Einheitsgemeinde bis heute keinen einzigen Rabbiner, keine einzige Rabbinerin, die je bereit waren, eine interreligiöse Ehe einzusegnen. Rabbinerin Gesa Ederberg weiß sich im Einklang mit der Allgemeinen Rabbinerkonferenz in Deutschland, wenn sie in einem kürzlich gesendeten Radio-Feature zu interreligiösen Ehen Folgendes formuliert:

> *Eine jüdische Eheschließung ist, wenn man genau hinguckt, ein Vertrag zwischen zwei Partnern, die beide dem gleichen*

14 Umstritten sind insbesondere entsprechende Passagen des Deuteronomiums; Gegner von interreligiösen berufen sich darüber hinaus auf die Propheten Esra und Nehemia, Befürworter auf das Buch Ruth (siehe Walter Homolka: *Das Jüdische Eherecht*. Berlin: de Gruyter 2009, insb. S. 50–52).

15 *Protocolle der ersten Rabbiner-Versammlung, abgehalten in Braunschweig vom 12. bis zum 19. Juni 1844*. Braunschweig: Vieweg 1844, S. 73. Der Beschluss blieb vorerst ohne praktische Relevanz, da zum Zeitpunkt der Rabbiner-Versammlung einzig in Sachsen-Weimar christlich-jüdische Eheschließungen erlaubt waren und auch diese nur unter der Voraussetzung, gemeinsame Kinder christlich zu erziehen (siehe hierzu Kerstin Meiring: *Die Christlich-Jüdische Mischehe in Deutschland 1840–1933*. Hamburg: Dölling & Galitz 1998, insb. S. 44).

16 Samuel Holdheim: *Über die Autonomie der Rabbinen und das Princip der jüdischen Ehe. Ein Beitrag zur Verständigung über einige das Judenthum betreffende Zeitfragen*. Schwerin: C. Kürschner'sche Buchhandlung 1843.

17 Meiring: *Die Christlich-Jüdische Mischehe in Deutschland 1840–1933*, S. 91.

Rechtssystem angehören müssen, weil sonst können sie ja den Vertrag nicht schließen. Also ganz platt gesagt: Wenn ich ein Paar verheirate, sagen die zueinander: „Du bist mir angeheiligt, gemäß den Geboten von Moses und Israel.“ Das ist der Kernsatz. Und der funktioniert nur dann, wenn ich zwei Leute da stehen habe, die sich beide den Geboten von Moses und Israel verpflichtet fühlen.[18]

Ederberg plädiert jedoch stark dafür, die Gemeinden und die Synagogen für gemischtreligiöse Paare und deren Kinder offen zu halten und die Eltern bei der „tendenziell ausschließlich jüdische[n] Erziehung der Kinder“[19] zu unterstützen.

Doch was möchten wir, die wir in gemischtreligiösen bzw. jüdisch-nichtjüdischen Partnerschaften leben? Uns, soweit es geht, in den Synagogen der Einheitsgemeinde integrieren und ihre Angebote nutzen oder uns religiöse Freiräume außerhalb suchen bzw. schaffen, in denen wir nicht unter dem Vorbehalt eines *Zwar… -aber…* betrachtet werden und in denen es auch keine Ausschlusskriterien gegenüber unseren Kindern gibt, die eventuell von einer (halachisch) nichtjüdischen Mutter[20] geboren wurden? Inwiefern möchten wir eigene Erziehungsvorstellungen realisieren, die nicht zwingend die Privilegierung der einen religiösen Richtung beinhalten? Viele Fragen stellen sich uns zudem gerade als Jüd*innen in Deutschland: Wie möchten wir einerseits unser jüdisches Dasein bewusst leben und sorgsam pflegen – auch weil es minoritär ist und durch die Shoah so bedroht war? Und wie gehen wir andererseits mit dem geschichtlichen Erbe um, zu dem auch die 1935 verabschiedeten Nürnberger Rassengesetze gehören, die u. a. Ehen zwischen Juden und „Deutschblütigen“ untersagten und somit interreligiöse Ehen 60 Jahre nach deren Legitimierung wieder unmöglich machten?[21] Was möchten wir, die wir wissen, dass sich Identitäten nicht objektiv messen lassen – auch nicht der Grad unserer Zugehörigkeit und der unserer Partner*innen zu den „Geboten von Moses und Israel“? Möchten wir kämpfen – beispielsweise für eine Alija, einen Toraaufruf, für unsere nichtjüdischen Partner*innen[22], für einen gemeinsamen Ort auf dem jüdischen Friedhof[23] oder eben für die Möglichkeit einer rabbinischen Segnung unserer Beziehung hier in Deutschland? Oder ziehen wir uns lieber zurück in Lebensräume, die der säkulare Staat längst für uns bereithält, oder zu Ritualen, die Gleichgesinnte – hiesige Freund*innen und liberale amerikanische Rabbiner*innen – gerne für und mit uns vollziehen?

Wenn Michel Foucault im Kontext der Ehe vom „Gesetz der Allianz“[24] spricht, so meint er weniger jene die Ehe umgebenden juristischen Gesetze, sondern das kulturell

18 Siehe Stefanie Oswalt: Interreligiöse Beziehungen: Papa ist Moslem – Mama ist Jüdin. In: *Deutschlandfunk Kultur Online*, 13.08.2017. http://www.deutschlandfunkkultur.de/interreligioese-beziehungen-papa-ist-moslem-mama-ist-juedin.1278.de.html?dram:article_id=393389 (Zugriff am 09.01.2018).

19 Ebd.

20 Siehe Ruth Zeifert: *Nicht ganz koscher. Vaterjuden in Deutschland*. Berlin: Hentrich & Hentrich 2017.

21 Das „Gesetz zum Schutze des deutschen Blutes und der deutschen Ehre“ wurde am 15. September 1935 als Teil der Nürnberger Rassengesetze verabschiedet.

22 Tabea, die Figur aus einem Kinderbuch, hat dies für ihre Eltern durchgesetzt (siehe Eva Lezzi / Anna Adam: *Beni und die (nervige) Bat Mitzwa*. Berlin: Hentrich & Hentrich 2015).

23 Siehe Ayala Goldmann / Heide Sobotka: Für immer? Wie es die Gemeinden mit der Bestattung nichtjüdischer Ehepartner halten. In: *Jüdische Allgemeine Online*, 12.01.2017. http://www.juedische-allgemeine.de/article/view/id/27464 (Zugriff am 09.01.2018).

24 Michel Foucault: *Der Wille zum Wissen. Sexualität und Wahrheit 1* [franz. 1976]. Frankfurt am Main: Suhrkamp 1991, S. 136, *passim*.

tradierte normative Regelwerk, welches in den durch Eheschließung neu gegründeten Familien nicht minder gilt als in den jeweiligen Herkunftsfamilien. In interreligiösen Ehen überlagern und vervielfachen sich die Allianzen: familiäre Normen und religiöse Regelwerke aus bisweilen sehr unterschiedlichen Richtungen, staatliche Gesetzgebung, historisches Bewusstsein, gesellschaftlicher Wertekanon. Ein Konglomerat mit ausgeprägtem Konfliktpotential – unabhängig davon, welche Entscheidungen wir hinsichtlich der oben aufgeworfenen Fragen fällen, welche Antworten wir suchen. Ein Konglomerat jedoch auch mit großem Potential für Kreativität: Denn auch wenn interreligiöse Ehen mit Foucault gedacht alles andere als revolutionär sind, bleiben sie doch spannend! Sie verlangen und bieten gemeinsame Gestaltungsmöglichkeiten, dank denen das scheinbar Selbstverständliche neue Bedeutung erhält, neu gedacht und erfahren wird. Und das ist gut so!

NAHOSTALGIE

Ein neuer Naher Osten aus der Ferne

LIANNE MERKUR

Ein neuer Naher Osten kommt, so scheint es, aus der Ferne – in nordamerikanischen und europäischen Städten entsteht er unter Migrant*innen, deren Heimatländer weiterhin zerbröckeln, oder, schlimmer noch, unerträglich stagnieren. In der Diaspora können israelische Emigrant*innen den Anderen, den Feind – den nichtjüdischen Neuankömmling aus dem Nahen Osten – wieder als Nachbar*in erleben, und zwar auf neuem, neutralem Grund. Manche Asylbewerber*innen suchten hier Zuflucht vor Gefahr und Gewalt, andere entschlossen sich aus weniger dringlichen Gründen fürs Exil. Wichtig ist: Alle Gruppen können sich hier gleichberechtigt begegnen und mehr Gemeinsames aneinander entdecken als in der neuen Gesellschaft. In ruhigen Ecken ihrer fremden Zufluchtsstädte stillen sie ihre unheilbare Nahostalgie mit vormals unmöglichen Begegnungen, konfliktbeladenen Diskussionen und berauschend nach der Heimat duftenden kulturellen Tinkturen. Sie sehnen sich nach den gleichen Düften und Geschmäckern, nach der gleichen Landschaft und dem gleichen Klima. Eine israelische Bloggerin in Berlin beschrieb, wie sie an einem Galeriefenster stehenblieb, um Bilder zu bewundern, die ihr bekannt vorkamen, sie an ihr Zuhause in Tel Aviv-Jaffa erinnerten – dann sah sie, dass die Werke von Künstler*innen aus Beirut stammten.[1]

Das ist eine verwirrende und desorientierende Offenbarung für Menschen, die es gewohnt sind, sich nach Kriterien der Exklusion zu definieren: „Auch wenn wir nicht genau wissen, wer wir sind, können wir zumindest sagen, dass wir nicht wie ‚diese anderen' sind."[2] Bevor sie Araber*innen oder Muslim*innen direkt begegnen, können Israelis mit absoluter Sicherheit behaupten, dies seien illegitime Opponenten, die für den gewaltsamen Konflikt volle Verantwortung tragen –

---

1 Liraz Axelrad: ברלין, ביירות, סאלם עליכום, יום העצמאות, יום הולדת. In: *Liraz Axelrad Blog*, 25.04.2015. https://lirazaxelrad.wordpress.com/2015/04/25/berlin-beirut-independence-day/ (Zugriff am 18.5.2017). Die Zitate wurden hier und im Folgenden von der Übersetzerin des Beitrags ins Deutsche übertragen.

2 Veronica Brady: A Flaw in the Nation-building Process. Negotiating the Sacred in Our Multicultural Society. In: Elizabeth Burns Coleman / Kevin White (Hrsg.): *Negotiating the Sacred: Blasphemy and Sacrilege in a Multicultural Society*. Canberra: The Austrian National UP 2006, S. 43–50, hier S. 44.

eine Sicherheit, die bei Kontakt zerspringt.[3] Die zyklische Eskalation der Konkurrenz und gegenseitiger Beschuldigung wird nur durch Migration und die damit verbundene Begegnung unterbrochen. Im Ausland, gleichermaßen einsam und fremd, werden beide Gruppen von der Mainstream-Gesellschaft, die sich als weltlich und aufgeklärt versteht, in die gleiche Rolle gedrängt – die des Neuen, Rauen, Anderen. Ihre Sitten werden verachtet, ohne Unterschied zwischen Jüdin und Araberin/Muslima; beide Gruppen werden als „das exotische Andere", ihre Kultur als „primitives leidenschaftliches Glauben oder feudaler abergläubiger Fanatismus" abgestempelt.[4] Anstatt den Nahostkonflikt als Gepäck mitzunehmen und sich im Ausland gegenseitig hassen zu müssen, könnten sich diese ehemaligen/neuen Nachbar*innen potentiell als Minderheiten gegen alle Formen des Vorurteils vereinen, als autonome transnationale Migrant*innen, die ihrer Heimat nicht mehr loyal bleiben müssen.

Migrant*innen verstehen, dass ihre soziale Position sich verändert hat, und manchmal werden sie sich einer neuen Verantwortung bewusst – nämlich, „sich effektiv zivilgesellschaftlich an lokalen, nationalen und transnationalen Gemeinschaften" zu beteiligen.[5] Intergruppen-Dialog kann „positive individuelle Einstellungen und Verhaltensveränderungen"[6] anspornen, was wiederum zu einem Gefühl der Kameradschaft führt. Es gibt in dieser Hinsicht Initiativen mit unterschiedlichen Ansätzen, aber gleich ob es nur um persönliche Geschichten geht oder ob auch substantielle Fragen des Konflikts erörtert werden,[7] handelt es sich immer um Versuche, bedeutungsvolle gegenseitige Empathie zu stiften. Trotz der besten Intentionen und selbst in einem neuen lokalen Kontext kann man bei so einem polarisierenden Thema wie dem Nahostkonflikt kaum Konsens zwischen Israelis und ihren alten/neuen nahöstlichen Nachbar*innen erwarten, vor allem in Zeiten wachsender Gewalt in der Heimat. Solange der Krieg andauert, ist jeder Nationalismus, in dem neuen Land oder in der Heimat, pessimistisch, und dieser Pessimismus ist geprägt von der „Radikalisierung des politischen Umfelds und zunehmendem politischem Extremismus."[8] Versuche der Annäherung sollten gefördert werden, damit sie möglichst selbst die gefährlichsten, überaus polarisierenden Zeiten des Konflikts in der Heimat überleben. Dafür muss die Ambition, andere zu verändern, einem erreichbareren Ziel weichen – der unmittelbaren Veränderung der Teilnehmer*innen der Annäherung. Alltägliche Momente mit minimalem Dialog können tiefgehend politisch transzendent sein wie zum Beispiel dieses Erlebnis einer Israeli in Berlin:

---

3 Neta Oren/Daniel Bar-Tal: The Detrimental Dynamics of Delegitimization in Intractable Conflicts. The Israeli-Palestinian Case. In: *International Journal of Intercultural Relations* 31,1 (2007), S. 111–126, hier S. 114.

4 Liam Dee: The Bourgeois Sacred. Unveiling the "Secular Society". In: Burns Coleman/White (Hrsg.): *Negotiating the Sacred*, S. 99–109, hier S. 99.

5 Robert F. Arnove: Comparative and International Education Society (CIES) Facing the Twenty-first Century. Challenges and Contributions. In: *Comparative Education Review* 45,4 (2002), S. 477–503, hier S. 501.

6 Adrienne Dessel/Mary E. Rogge/Sarah B. Garlington: Using Intergroup Dialogue to Promote Social Justice and Change. In: *Social Work* 51,4 (2006), S. 303–315, hier S. 306.

7 The Cross-National Arab Jewish Dialogue Support Network/Mohammed Alatar/Melinda Smith/Mark Umbreit: *National Survey of Arab/Palestinian/Jewish Dialogue Groups*. Saint Paul: Centre for Restorative Justice and Peacemaking. School of Social Work, College of Education & Human Development, University of Minnesota 2004.

8 Michelle I. Gawerc: Peace-building. Theoretical and Concrete Perspectives. In: *Peace & Change* 31,4 (10.2006), S. 435–478, hier S. 451.

> *Ich lernte bei einem Deutschkurs palästinensische Zwillinge kennen, die weder Englisch noch Hebräisch sprachen. Ich konnte kein Arabisch, und keiner von uns konnte Deutsch, doch trotzdem wurden wir zu guten Freunden, ganz ohne Worte.*[9]

Trotz der tiefen politischen Kluft zwischen ihren Heimatländern gibt es etliche Beispiele kreativer Zusammenarbeit zwischen israelischen und iranischen Musiker*innen in ihrer neuen Diaspora: Kultur kann Grenzen und Feindseligkeiten überwinden. Ihre isolierten, zugleich uralten und modernen Heimatgesellschaften – hochgebildet, religiös, frustriert und hoffnungslos stolz – haben vielleicht mehr gemeinsam, als von beiden Seiten angenommen wird. Iran und Israel sind jeweils in der Region ziemlich isoliert und bei den Nachbarn nicht gerade beliebt: Der Konflikt zwischen Schiiten und Sunniten ist nicht minder blutig als der zwischen Jüd*innen und Araber*innen. Wer die Heimat verlassen hatte, konnte nun diese Gemeinsamkeiten anerkennen – und auch andere, zum Beispiel die geteilte Liebe zur Musik. Leider machen politische Konflikte und gut bewachten Mauern solche Projekte im Mittleren Osten selbst unvorstellbar. Begegnung und Austausch können nur in fernen ‚neutralen' Zonen gemeinsamer Migration stattfinden, wenn Künstler*innen gemeinsame Leidenschaften entdecken. Sie könnten sogar einsehen, dass ihre Grenzen für die empfangende Gesellschaft unsichtbar sind: Mainstream-Europäer*innen können auf einen Blick eine*n Iraner*in kaum von einer*m Israeli*n unterscheiden.

Berlin wurde für musikalische Israelis und ihre alten/neuen Nachbarn zum Begegnungsort Nummer 1. Hier ist das Sistanagila Ensemble zuhause, dessen Mitglieder „fest entschlossen sind, ihre Musik der Kunst und nicht der Politik zu widmen",[10] sowie No-Beef, ein Elektronik-Kollektiv, das schon mit seinem Namen Frieden verkündet: „Wir, das Volk, haben keinen Ärger [*no beef*] miteinander, auch wenn zynische Politiker uns vom Gegenteil überzeugen wollen. Wir konzentrieren uns auf die Gemeinsamkeiten."[11] Auf ihren Partys „wird getanzt, als ob es kein Morgen gäbe, während DJs aus Teheran und Tel Aviv auflegen. Keiner spricht von Politik oder Atombomben."[12] Auch Toronto ist ein attraktiver neutraler Ort für israelisch-iranische Musikkollaboration, die über nationale Grenzen hinausgeht und die multikulturelle Landschaft der neuen Wahlheimat widerspiegelt. Ein Mitglied der Israelisch-Iranischen Musikinitiative (I=I) erklärt:

> *Israel und Iran sind zwei Länder, deren diplomatische und politische Beziehungen feindselig sind. Aber wir glauben, als Individuen und Gemeinschaften hier in Toronto die Macht zu haben, diese Feindseligkeit zu überwinden und eine Alternative zu bieten. Unser Narrativ ist nicht Konflikt, sondern Kollaboration, Dialog und Feier. Die Geschichte des jüdisch-persischen kulturellen Austauschs,*

9 Shy Buba: 49 רגעים ראשונים, מהשנה הראשונה. In: בובה בברלין, 08.02.2017. http://shybuba.com/berlin/49-רגעים-ראשונים-מהשנה-הראשונה/ (Zugriff am 08.02.2017).

10 Soraya Sarhaddi Nelson: The Rare Place Where Israelis And Iranians Play Together. In: *NPR*, 12.11.2014. http://www.npr.org/sections/parallels/2014/11/12/363517234/the-rare-place-where-israelis-and-iranians-play-together (Zugriff am 01.08.2017).

11 Kollektiv NoBeef. https://www.facebook.com/kolnobeef (Zugriff am 04.08.2017).

12 Boaz Arad: Israeli-Iranian DJ Group Spins Spins for Peace Peace in Berlin. In: *Jewish Telegraphic Agency*, 18.11.2013. http://www.jta.org/2013/11/18/arts-entertainment/israeli-iranian-dj-group-spins-for-peace-in-berlin (Zugriff am 08.01.2017).

sei es in Musik oder anderswo, ist Jahrtausende alt. Ich fühle, dass wir diesen Weg einfach weitergehen.[13]

Als ‚Deutschlands Lieblingsausländer' finden sich Jüd*innen in einem Winkel eines qualvollen Trauma-Dreiecks zwischen Deutschen und Araber*innen/Muslim*innen (, die ihrerseits vielleicht gerade wegen der historischen deutschen Shoah-Schuld überhaupt in Deutschland toleriert werden). Israelis in Berlin finden sich damit in eine Rolle gedrängt, die große Verantwortung erfordert. Sie brauchen keinen eklatanten Antisemitismus zu befürchten: Dieser wird in Deutschland offiziell verschmäht. Wenn antisemitische Handlungen doch geschehen, dann sind diese normalerweise illegitim,[14] oder sie werden der muslimisch-arabischen Minderheit zugeschrieben. Israelis in Berlin genießen heute einen gehobenen Status in Vergleich zu anderen Neuankömmlingen – sie werden warm willkommen geheißen, zum Teil als Nachfahren einheimischer Jüd*innen, die nun Deutschland großzügig verziehen haben und zurückgekehrt sind. Sie dürfen historische Lehren und die eigene Randlage in Europa aber nicht vergessen. Wenn der Holocaust als ein Verbrechen gegen die Menschheit im Ganzen (und nicht gegen das europäische Judentum) interpretiert werden kann, hat die Erinnerung daran nicht einen schlechten Dienst erwiesen, wenn Diskriminierungszyklen gegen ein neues ‚Anderes' in Europa weiter fortschreiten?

Bei einer Filmvorführung in Berlin mussten die israelischen Anwesenden eine deutliche Parallelisierung zwischen dem Holocaust und der Nakba (der Kehrseite des israelischen Unabhängigkeitstages) über sich ergehen lassen, die eine Shoah-Überlebende machte.[15] Es wurde die tragische Unvereinbarkeit thematisiert, dass ein Volk, das in Europa Verbannung und Vernichtung erlitten hat, wenige Jahre später das Gleiche oder Ähnliches einem anderen Volk antun konnte – trotz oder vielleicht gerade wegen der eigenen Erlebnisse. Die deutschen Zuschauer*innen wurden angehalten, die eigene historische Mitverantwortung für den israelisch-palästinischen Konflikt zu übernehmen und sich für seine friedliche Lösung zu engagieren, denn alleine könnten Israelis und Palästinenser*innen ihren Schmerz nicht überwinden. Diese narrativen Dreiecke sind geprägt von Verdrängung, Belastung und Schmerz. Die Position der Deutschen als Täter*innen und der Jüd*innen als Opfer beeinflusst die Interaktion zwischen Neuankömmlingen aus dem Nahen Osten in Berlin. Bei einem anderen Event sprach ein palästinensischer Teilnehmer davon, dass Begegnungen mit Israelis in Berlin sich einfacher gestalten, da der Kontakt nicht verboten oder gefährlich ist, während eine israelische Teilnehmerin erzählte, dass „sie gehofft hatte, in Berlin mit offenen Armen von der Linken begrüßt zu werden, aber hier lehnte man sie als rechte Zionistin ab; es scheint, Zionismus wird individuell unterschiedlich definiert."[16] Gerade für liberal gesinnte Menschen

13 Ben Dietschi: Profile: Noam Lemish & The Israeli-Iranian Musical Initiative. In: *Spectrum Music*, 27.03.2015. http://spectrummusic.ca/profile-noam-lemish-the-israeli-iranian-musical-initiative/ (Zugriff am 04.08.2017).

14 Natan Sznaider: Hannah Arendt and the Sociology of Antisemitism. In: *Österreichische Zeitschrift für Politikwissenschaft* 39,4 (2010), S. 1–14. https://webapp.uibk.ac.at/ojs/index.php/OEZP/article/viewFile/1348/1042 (Zugriff am 09.01.2018).

15 Feldnotiz: The Nakba: an Ongoing Oppression, Suppression and Denial: Sprechsaal, 01.11.2014.

16 Feldnotiz. Welcome to the Middle East: Conflict & Food Berlin, 19.04.2016.

bedeutet Migration eine Chance auf Empathie mit anderen vertriebenen und marginalisierten Minoritäten.

Berlin ist das heimatferne Zuhause zahlreicher Palästinenser*innen, von denen viele Exil gleich zweimal erlebten, indem sie erst vertrieben wurden und dann von der politischen Instabilität flohen.[17] Wie auch für Israelis wird für sie „die Identität zu einem großen Teil durch das neue Umfeld, den neuen deutschen Kontext", produziert;[18] gleichzeitig kristallisiert sich die Identität aber auch um den erklärten Glauben daran, dass sie irgendwann in die mythisierte, ferne, verlorene Heimat zurückkehren. Wer sich nach palästinensischer Tradition sehnt oder sich dafür interessiert, wird zum Beispiel in Berlin-Kreuzberg fündig: Hier kreierte ein Emigrant aus dem Gazastreifen einen Ort für Nahostalgie.[19] Nebenan in Neukölln konzentriert sich auf der Sonnenallee das kommerzielle, gemeinschaftliche und kulinarische Leben von und für Berliner*innen palästinensischer Herkunft. Auch wenn sie sich oft weise dafür entscheiden, „keine geopolitischen Diskussionen zwischen Backwaren anzufangen",[20] können israelische Passant*innen diese Fassaden gleichzeitig bedrohlich und faszinierend finden: Schließlich ist es ein emotional aufwühlendes Echo der „vertrauten Fremdheit der palästinensisch-israelischen Begegnungen".[21]

Szenen zögerlicher Interaktion und letztlicher Akzeptanz im neuen Nahen Osten – auf neutralem Berliner Boden – findet man in Itamar Orlevs Debütroman *Bandit*, dargestellt durch einen langen, wehmütigen Dialog mit einem alternden Libanesen, dem Falafel-Verkäufer von nebenan. Etwas politisch Bedeutendes schimmert in einer alltäglichen Begegnung durch: Der Protagonist begegnet hier einer interkulturellen Unsicherheit, als er an einer Haltestelle in einen Bus steigt.

> *„Where are you from?" fragte ich den arabischen Jungen, der neben mir auf den Bus wartete. „Syria", sagte er. „I'm from Israel", sagte ich. „No problem", antwortete er sofort, um auf der sicheren Seite zu sein. Doch dann schien er verwirrt. Ich lächelte. „I can't speak English," sagte er auf Englisch, unsicher. Ich suchte meinen Kopf nach arabischen Wörtern ab und sah mit Scham ein, dass ich auf Arabisch gar nichts sagen konnte. „Falastin?" [Palästina auf Arabisch] fragte er plötzlich. „Falastin," antwortete ich, und er nickte erleichtert. Dann schüttelten wir uns die Hände. Die Geste begann abrupt, dauerte aber einige lange Sekunden an. „Good luck", sagte ich schließlich und ging zur Hintertür. Ich stieg aus. Die Straße war dunkel und kalt. Ich betrat ein Haus, das noch nicht mein Zuhause war, in einer Stadt, die nicht meine Stadt war,*

---

17 Sanem Kleff / Eberhard Seidel: *Stadt der Vielfalt. Das Entstehen des neuen Berlin durch Migration*, hrsg. v. Der Beauftragte des Senats von Berlin für Integration und Migration. Berlin: Selbstverlag 2009, S. 180. https://digital.zlb.de/viewer/content?action=application&sourcepath=15495970/stadt_der_vielfalt_bf.pdf&format=pdf (Zugriff am 09.01.2018).

18 Dima Abdulrahim: Islam in a North European Setting. Palestinians in Berlin. In: *The Cambridge Journal of Anthropology* 16,2 (1992/1993): Islamic Family Law: Ideals and Realities, S. 97–108, hier S. 97.

19 Rasha Hilwi: Journey #4: The Nightingale of Berlin. In: *Schloss Post*, 11.10.2016. http://schloss-post.com/the-nightingale-of-berlin/ (Zugriff am 12.10.2016).

20 Harley Pearce: "Little Palestine" in Berlin: Home of Hummus, Hipsters and Solidarity. In: *Egyptian Streets*, 20.03.2015. http://egyptianstreets.com/2015/03/20/little-palestine-in-berlin-home-of-hummus-hipsters-and-solidarity/ (Zugriff am 8.10.2016).

21 Auf neutralem Boden: Berlin als palästinensisch-israelischer Begegnungsort, 20.03.2016. https://www.facebook.com/events/1717318548482842 (Zugriff am 30.06.2016).

und tröstete mich damit, dass es, im Moment zumindest, immer noch einen Ort gibt, zu dem ich zurückkehren könnte.[22]

Mati Shemoelof, ein Misrachi-Israeli in Berlin, sinnierte darüber, dass diese Begegnungen ausgerechnet hier stattfinden, „an dem kosmopolitischen Ort, wo die Mauer gefallen ist, und der Osten mit dem Westen eins wurde [...] In Berlin leben alle zusammen, und die arabische Präsenz ist nicht ein Thema, das in jeder Konversation aufkommt, wie in Israel."[23]

Einige Berliner Viertel haben einen deutlich nahöstlichen Charakter, was für einige Israelis eher Bedrohung und Unsicherheit als ein warmes Erkennen suggeriert. Dass Israelis sozial konditioniert sind, sich in überwiegend arabischen Gegenden unwohl zu fühlen, wurde in einer Facebook-Diskussion in der Gruppe „Israelis in Berlin" deutlich,[24] in der ein Mitglied fragte: „Ist die Boddinstraße in Neukölln ein guter Ort für Israelis? Ich habe dort eine Wohnung gefunden, aber direkt auf dieser Straße sah ich nicht wenige Geschäfte mit arabischen Schildern, und eine ‚Free Palestine'-Fahne. Was sagt ihr?" Die Meldung erhielt 34 Kommentare, unter anderem:

In Neukölln leben viele Araber und auch viele Israelis. Die Frage ist, ist es für dich ein Problem, neben Arabern zu leben, denn deine Frage klang ein bisschen so

Es scheint mir eine vollkommen legitime Frage in diesen Zeiten, wenn eine israelische Identität Aggression provozieren kann ... Wenn du dich dort unwohl oder unsicher fühlst, dann geh woanders hin. Es gibt in Berlin Orte, wo ich mit meinen Kindern nicht hingehe, damit wir Hebräisch nicht unabsichtlich ausstoßen

Ich persönlich lebe lieber in der Nähe von Muslimen, die ‚Free Palestine'-Schilder aufhängen, und spreche lieber mit ihnen als mit Deutschen, die das Gleiche tun

Es sollte für Israelis kein Problem sein, in der gleichen Nachbarschaft wie Araber zu leben. Wir sind's gewohnt

Bei einer Verschärfung des Gaza-Krieges im Juli 2014 war die öffentliche Empörung groß, als Neukölln in einem Medienhype zu einer No-Go-Area für Jüd*innen erklärt wurde. Umgekehrt gelten einige Orte in Deutschland auch als gefährlich für Muslim*innen. Ein jüdischer Aktivist aus Berlin, Armin Langer, sagte in einem Interview der *Süddeutschen Zeitung*: „Manchmal würde ich mir wünschen, nicht immer wie eine heilige Kuh behandelt zu werden", und beschrieb eine israelische Freundin, die an einer pro-palästinensischer Demonstration teilnahm. Dort riefen mehrere Beteiligte „Jude, Jude, feiges Schwein" – doch es was ihr „wichtiger, sich gegen den Konflikt in Gaza zu engagieren, als sich von antisemitischen Parolen einschüchtern zu lassen."[25] Eine andere Jüdin aus Neukölln – der vermeintlichen No-Go-Area, wenn man den

22 Itamar Orlev: Exile and Zion: Israeli Writers on Living and Writing Abroad. In: *Haaretz*, 24.04.2016. http://www.haaretz.com/jewish/books/.premium-1.715729?=&ts=_1501597303005 (Zugriff am 01.08.2017).

23 Mati Shemoelof: Nobody Talks about Palestinians in Berlin. In: *Haaretz*, Literature, 15.06.2015. https://www.haaretz.co.il/literature/study/.premium-1.2659531 (Zugriff am 21.02.2018).

24 Israelis in Berlin ~ ישראלים בברלין. Facebook Group, 04.12.2014. www.facebook.com/groups/israelberlin (Zugriff am 14.03.2016).

25 Charlotte Haunhorst: No-Go-Area Neukölln. Interview mit Armin Langer. In: *Jetzt*, 31.03.2016. http://www.jetzt.de/salaam-schalom-initiative/dialog-zwischen-juden-und-muslimen (23.7.2014) (Zugriff am 14.11.2017).

deutschen Medien glauben darf – berichtete, dass der Stadtteil „voller junger hipper Israelis ist, darunter auch jüdische Israelis", und wies das No-Go-Etikett zurück, das „auf mehr oder minder vulgärem pro-zionistischem oder anti-islamischem Rassismus" basiere.[26]

Leider gibt es auch Israelis, die sich zum Zionismus bekennen, indem sie antiislamischen Rassismus unterstützen und an rechtsradikalen Demos gegen andere Migrant*innen aus dem Nahen und Mittleren Osten teilnehmen. Dies ist durch das seltsame und prekäre Xenophobie-Dreieck erklärbar, das zwischen der christlichen Mainstream-Gesellschaft, Muslim*innen und Jüd*innen in Deutschland existiert – eine verderbliche Verbindung, die auch die Politik im Nahen und Mittleren Osten einbezieht. Es gibt Israelis in Berlin, die mit Neo-Nazis auf die Straße gehen, um gegen den Islam als einen vermeintlichen gemeinsamen Feind zu kämpfen; es gibt aber auch jene, die ihre muslimischen Nachbarn unterstützen, was nicht minder ungewöhnlich ist. Man sollte sich unbedingt davor hüten, „die Okkupation mit Antisemitismus oder Antisemitismus mit der Okkupation zu rechtfertigen".[27] Das jüdische *Spitz Magazin* aus Berlin warnte Leser*innen diesbezüglich: man solle es „radikalen Bewegungen nicht erlauben, die Spannungen zwischen Juden und Muslimen in Berlin zu manipulieren [...]. Israelis und Pegida haben keine gemeinsamen Interessen".[28] Nicht alle hören aber auf diesen Rat. In Dresden und Frankfurt sah man israelische Fahnen auf Pegida-Demonstrationen, und eine kleine, aber laute Gruppe Berliner Israelis unterstützt diese rechtsradikale nationalistische Bewegung. Die Reaktionen in der Israelis-in-Berlin-Facebook-Gruppe[29] waren äußerst kritisch:

Die Menschen, die auf [diese Demo] gehen, sind Menschen, die auch uns hassen! Und was sie tun, ist genau was Deutsche damals Juden angetan haben!

Wenn ihr euch mit Rassisten zusammentun wollt, die heute Muslime hassen, und morgen Juden – na dann viel Spaß. Rassismus ist Rassismus.

Wir sind hier selbst Migranten, habt ihr es vergessen?

In Israel würdet ihr nicht selten die Reaktion hören: Es wird Zeit, dass sie erleben, was wir erleben, schon immer erlebt haben und erleben werden

Kurz gefasst: Die Neo-Nazis langweilen sich und brauchen einen Grund zum Feiern. Erst werden sie mit den Muslimen fertig, dann geht es mit uns los

Wie lustig: Unsere Faschos unterstützen ihre Faschos

26 Hannah Tzuberi: A White Plain with Black Spots. About Jews, Muslims, Europe and "Civilization". In: *Mandolina for President*, 15.01.2015. https://mandolinaforpresident.wordpress.com/2015/01/15/a-white-plain-with-black-spots-about-jews-muslims-europe-and-civilization/ (Zugriff am 08.03.2018).

27 Israelis in Berlin ~ ישראלים בברלין. Facebook Group, 05.01.2015 (Hebräisch). www.facebook.com/groups/israelberlin (Zugriff am 14.03.2013).

28 *Spitz Magazin*. Februar/März 2015, S. 4.

29 Israelis in Berlin ~ ישראלים בברלין. Facebook Group, 22.12.2014 (Hebräisch). www.facebook.com/groups/israelberlin (Zugriff am 14.03.2016).

> *In „dem Land" [Israel] streiten sich Menschen, die solche Demonstrationen unterstützen, nicht darüber, ob sie faschistisch sind, sondern darüber, ob Faschismus eine schlechte Sache ist.*

Jüdische Israelis in Deutschland sollten nicht vergessen: Wenn sie sich mit Neo-Nazis in gemeinsamer Islamophobie vereinen und suggerieren, dass Terrorismus und Gewalt unabdingbare Bestandteile des Korantreuen islamischen Lebens sind,[30] kollaborieren sie mit einer Ideologie, die einst ihre eigene Existenz in Europa bedrohte.

Aus dem Englischen
von Alexandra Berlina

---

30 Salman Masalha: The Roots of Terrorism Are in Islam. In: *Haaretz*, 21.01.2015. http://www.haaretz.co.il/opinions/.premium-1.2544100 (Zugriff am 21.02.2018).

WHATS APP GOLEM _

ESTHER DISCHEREIT

Ich kann nicht sagen, dass ich mit dem Golem auf Du und Du gelebt hätte. Zu Hause waren die Geschichten von Max Brod und ostjiddischer Mystik nicht präsent. Unser Judentum war deutlich von der Shoah gezeichnet, vom Vergessen, vom Vergessenwordensein, vom Verlust der Anderen und auch der Geschichten. Wahrscheinlich war es so, dass die Assimilation der Großeltern, als sie einstmals aus Schlesien kommend sich in Berlin heimisch gemacht hatten, auch darin bestand, sich darum zu kümmern, dass wenigstens die Älteste von den beiden Schwestern einen höheren Schulabschluss erwerben konnte, während die andere zusammen mit den Eltern in der Schneiderei weiterarbeitete. Die Ältere aber genoss als erste eine humanistische Schulbildung, die wegen Herrn Hitler nicht zu einem Studium oder Berufsabschluss führte. Später dann ich, auch ich erhielt eine humanistische Schulbildung. Ob es sich nicht vielleicht sogar um eine gewisse Empfindlichkeit gehandelt haben könnte in der Zurückweisung einer ‚Volkszugehörigkeit', weswegen die ‚Volks'-Erzählungen auch eher abwesend waren, also eine „Überempfindlichkeit" wie Max Brod sie unter Westjuden diagnostizierte, vermag ich nicht zu sagen.

Während der jüdische Religionsunterricht offenbar keinen sonderlichen Eindruck auf mich gemacht hatte, so anders war es mir mit den Gottheiten der Antike ergangen. Mit ihnen kannte ich mich aus.

Insofern kam es einer Demonstration gleich, dass mein erster Gedichtband den Titel trug *Als mir mein Golem öffnete*. Und wie es der Zufall wollte, war das Buch auch noch in der Tschechischen Republik gedruckt worden, in deren Hauptstadt Prag sich der Legende zufolge der Geburtsort des Golem befindet.

Ich saß
vor deiner Tür
als
mir mein Golem
öffnete
führte mich
abseits
und strich
mir die Zeile
aus
jetzt fegst du
Staub
vor Deiner Tür

Ist das jetzt „mein Golem“ oder der, den ihr mir andichtet ... und warum „mir“ – strich „mir“ die Zeile aus – bin ich jetzt selbst mein eigener Golem? Nehm ich ihn an und mit und bin ich er oder ich und wäre also zweimal Ich?

Ich wurd
als golem
euch geboren
noch fünfzig Jahr
und später
ihr löschtet
uns die Silbe aus
und hängt mich
an dem Wort
und aleph
sein wir
tot geblieben
und aleph
sein wir
tot geblieben

Diese beiden Texte waren die Eingangsgedichte, der Band endet damit, dass ich meinen Namen esse. Der Golem ist selbst ein Namenloser. Er ist eine Figur, ein Begriff, ein Abstraktum und doch konkret, so konkret, dass ihn sich Paul Wegener, der Regisseur des legendären Films *Der Golem*, als großen Rübezahl – hätte ich beinahe gesagt – vorstellt, ein ungeschlachter, grober Klotz, menschenähnlich, und doch arm an Mimik und kantig in den Gesten, wie jemand, dessen Motorik gestört ist. Wie ein Roboter mutete er späteren Generationen an, und seine Seelenlosigkeit wird überführt in die Welt der Computer und künstlichen Intelligenz.

1999 erschien das europäisch-jüdische Magazin *Der Golem*, herausgegeben von einer unabhängigen Gruppe jüdischer Künstler*innen, die sich als Europäer*innen verstanden. Das Magazin erschien auf Deutsch, Englisch und Französisch. Die Herausgeber-Gruppe Meshulash hatte schon 1997 in der ehemaligen Synagoge in Berlin-Mitte eine Golem-Figur platziert, zunächst als ein Happening. 1998 begegnete mir Der Golem dann erstmalig leibhaftig bei AHAWAH in der Auguststraße 14/16 in Berlin-Mitte, einem ehemaligen jüdischen Krankenhaus und Kinderheim, „Sammelstelle" für Juden* vor der Deportation, zu SED-Zeiten Max Planck EOS, später Kinderinternat. Ein Haufen Erde, dann eine menschenähnliche Figur, platziert auf einer Trage. Der Wachmann, der das Objekt bewachte, so wie auch die meisten anderen jüdischen Einrichtungen in der Stadt bewacht werden, habe Angst gehabt, hörte ich, als er den „Mann" gesehen habe, und sei davongelaufen. Mir war die Vergegenständlichung merkwürdig, wahrscheinlich hatte ich den Golem für einen spirituellen Zustand gehalten und tue es noch heute. Und wahrscheinlich halte ich ihn auch für ein universales Phänomen, weswegen er mir in Prag so vertraut und fremd ist wie in Detroit oder andernorts. Wenn ich am Mural von Pollock – sprang er in die Höhe, damit er die Leinwand erreichen konnte? was sprang oder malte ihm, als er malte? – vorbeigehe, an den Murals von Diego Rivera, an Frieda Kahlo denke, die sich kaum bewegen konnte, und dann an Henry Ford ... wir entäußern uns. Mensch und Maschine sind miteinander verschmolzen, die Materie trüge den Sieg über die Lebenden davon? Wer bist du, der sich aus sich selbst entäußert, hinausgeht und sich formt nach einem Bilde?

Nicht nur kann ich im Golem das Bild der Bilder kennen und erkennen, ich kann es finden unter Hunderttausenden: *facial recognition* and *finding algorithms*. Wie finde ich mich oder den anderen, das Gesicht des anderen? Vielleicht ist das die falsche Frage und vielleicht ginge, geht es auch ausschließlich um die Überwältigung des Ich durch meinen eigenen künstlichen Begriff. Mathematischer Lehm dringt in den Maschinen- oder EDV-Raum, in dem gekühlt die Rechner stehen. Durch die Netze der virtuellen Welt – hindurch –

ein Göttlicher, wer hier davonkommt, und sich durchzieht, bis das Werk in seiner archaischen Fassbarkeit vollendet ist. Wir brauchen die Koordinaten. Sonst nichts. Der da gefunden ist, das ist der Golem oder bin ich. Vom Bild zum tatsächlichen Geschöpf. Wen wünsche ich, gefunden zu haben – wem wünsche ich, gefunden worden zu sein – kenne ich mich, der, den du mit der Kraft deiner Zeichen im Netz verspürst.

Im Kinderbuch *Willi Wiberg* sagte der Vater, „aber bitte nicht die Säge", und für das Kind wurde der Gegenstand Golem und Superman und stiller Freund zugleich. Meine Tochter sah die Simpsons gerne im Fernsehen an. War es nicht so, dass die Erfindungen vom Küchentisch aus ihren phantastischen Lauf nahmen? Mitten aus der Moderne eines 21.-Jahrhundert-Couch- und Sesselensembles mit den merkwürdigen Comic-Figuren, die sprechen wie Du und ich? Nur ein wenig höher in der Stimmlage, glaube ich. Zwischen diesen Figuren und dem lieb gewordenen Legenden-Bild klafft ein Spalt; ihn füllen Kartoffelchips, Chips, Mathematik, Allmachtsphantasien.

Ein ungeschlachter Mensch nach meinem Bilde – wer soll das sein? Ich und ein Ich mit urgewaltiger Kraft. So könnte ich mir die jüdische Weltverschwörung auch vorstellen, wie sie die Herrschaft übernimmt, nicht wahr. Der allmächtige Jude verbündet mit dunklen Mächten – King Kong mit dem schönen, zarten, weißen Mädchen – die affenartigen Züge verraten die Kreation des unbekannt verborgenen Fremden, dem Tier näher als dem Menschen, das Stigma, die Nazis. „Udiyo" nennen Kinder auf den Philippinen das Böse schlechthin und deuten auf die Römer. Während der Prozessionen suchen sie „Udiyo" auszuweichen, damit sie nicht mit ihm in Berührung kämen.

Auf mich kommt der Golem zu, ist Lara Croft, ist Cynthia Ozicks schöne Schwarze Frau, ist manchmal auch und anderntags Mann und Frau zugleich. So vielleicht. Es gibt ihn auch in Gestalt kleiner Spielfiguren, die aber zu einem Riesenmonster sich zu erheben trachten, deren Schatten drohen, wem und wogegen? In der Legende geht es um die Errettung der jüdischen Bewohner*innen der Stadt, um Abwendung des drohenden Pogroms, im Film von Paul Wegener um die Umwandlung des Dekrets des Königs, mit dem die Vertreibung der Juden* beschlossene Sache gewesen wäre.

William Kentridge betritt mit einem Metronom in der Hand die Welten meiner Seele. So hielte er den Golem vor uns? Was hat er da, die Zeit, die Schöpfung. Aber schließlich wäre sie reduziert auf Null und Eins. Algorithmus. Immer wieder will ich sagen: Alogorithmus, als könnte ich den Logos hineinschmuggeln. Vergeblich. Einmal geschaltet: Ein. Wehe dir.

Ich verstehe das, wenn Du dir dein eigener Golem wirst. Wie ein Alien oder wie jemand, der zu lange im Matsch gelegen hat; vielleicht als Soldat oder auf der Flucht. Hier wird die Erde unangenehm, so süß, dass hungrige

Menschen mancherorts davon essen. Zuletzt haben sich übrigens die Kinder des antiautoritären Kindergartens Matsch ins Gesicht geschmiert oder sonst wohin oder die, die am Strand liegen und im Meerwasser planschen. Nicht ernstblickende Erwachsene.

Bitte, lieber Golem, geh! Setze einen Fuß auf diese Seite, einen auf die andere. Vorsichtig, dass du niemanden verletzt, und nimm sie auf, die Leute, die da warten aus Syrien, in Idomeni, in der Türkei, zerreiße die Zäune wie Spinnweb, damit die Menschen hindurchgehen können. Halt ein, halt ein – nicht weitergehen und wen oder was zerdrücken mit deiner Hand und deinen Füßen. Kraft der Befehle befehle ich dir. Beuge dich, nimm sie auf, nimm die Leute auf, sie haben lange schon Krieg, da ist Krieg. Dann steige auf das Land, bleib stehen und die Geschosse würden zurückprallen auf die, die sie geschossen hatten – oder sie würden zerplatzen. Sich auflösen im All wie unbekannte Satelliten. Als sei da nichts zu wundern, dass sich bedeckt haltende Absender die Sphären durchstreifen.

Ist der Golem ein Nationaler, ein Patriot oder eine Frau? Er ist doch sicherlich ein Kosmopolit oder könnte man sich vorstellen, er gehörte nur mir? Oder der israelischen Armee? Da wäre die Geschichte vom David-gegen-Goliath zerbrochen. Der Golem hingegen hätte sich aus der Inkarnation des David entwickelt, sodass er sich fortentwickeln könnte aus sich selbst. Gefüttert mit Informationen aus Menschenhand. Ein Wort- und Buchstabenmaschinenprogramm, das wir mit *Internet* bezeichnen. Das Internet hat ein Gedächtnis. Das Angebot *Golem* erreicht rund 1,67 Millionen Nutzer*innen und wird monatlich rund 8,34 Millionen Mal besucht. Es gehört zu den fünf wichtigsten Internetportalen mit Fokus auf technischen Themen. Steht im Internet. Es kann ja sein, mein Gedächtnis versagt. Seines nicht, es sei denn, ich zöge den Stecker.

Bleib stehen, bleib stehen, mitten da, wo die Bomben heulen. Beug dich noch mehr und wieder und nimm die Leute auf. Jetzt mach schon, nimm sie auf, bring sie heraus und setze sie behutsam ab – da darfst du nicht – nein, da – da auch nicht, da auch wieder nicht – dann bleib doch stehen, behalte die Leute in deiner großen Hand – bleib mit ihnen in der Hand so stehen – ich kann nicht sagen, wohin du dich zu bücken hast, damit du sie absetzen mögest, deine zerbrechliche Fracht. Du musst sie jetzt sowieso bald absetzen, weil sie dir Stacheldraht um die Füße wickeln. Ich weiß, du wirst ihn schon zerreißen, aber dafür brauchst du deine Hände. Die Hände, mit denen du die Leute hältst. Unbill auf unserem Volk – oh du meine Güte, die Unbill ist ... ich meine, man sollte der Unbill eine nationale Ecke zuweisen, damit sie sich darauf beschränkt, oder einen Kasten, einen Fluss oder ... sieh, hier Esra aus Damaskus, staatenlos; seit Generationen staatenlos; einmal kamen seine Leute aus Haifa. Esra geht morgen zu Audi in Neckarsulm und lernt Deutsch und Elektronik und vielleicht studieren ... Golem, finde den Leuten den Platz.

Du musst sie absetzen: vorsichtig, vorsichtig, setze sie ab, du kannst sie nicht ewig auf den Tellern deiner Hände halten ... du bist nicht Mensch, nicht G"t t, nicht Tier – nicht was? Du bist lebende Materie ... du bist nicht gut und bist nicht schlecht ... kannst nicht entscheiden ... hab dich geboren, wie nie ein Mann ein Kind gebären kann ... und bist mir fremd und doch vertraut ... ich schaffe dich, wie niemand dich erschaffen könnte ... du bist mein ... nimm diese zarte Tänzerin vorsichtiger. Vorsichtig! Sie wird krank werden von deiner Grobheit ... Golem, zart kannst du sein und mächtig und kannst Gebäude vor dem Einsturz retten ... rette, rette, rette ... du bist doch der, der nicht bestimmt – ich bestimme und wenn es Krieg gibt, machst du Krieg, und ich bestimme, lass dich laufen, Golem, schießen, weiß jetzt nicht, wie ich dich, ich bin es ja, der dich schießen lässt an meiner Statt und dann frag ich dich ... hebe sie auf, die Leute, mit deinen großen Händen und halte sie fest ... noch trägst du die Spuren meiner Schöpfung ... sie werden verschwinden. Ich werde mich nicht mehr erinnern, niemand wird sich mehr erinnern ... wie könnte ich dir Einhalt gebieten ... ich müsste es jetzt wollen, den Knopf zu ertasten suchen, der unter dem Hemd verborgen ist – die Zeichen auf der Stirn: emeth / Wahrheit Leben/. Löschte ich dir nur einen Buchstaben, nur eine Silbe, kann ich dich den Toten übergeben. Du bist nicht Wort und auch nicht Fleisch. Eine Lebend-Kunst-Maschine. Oder eben dies alles nicht, nur eben Fiktion, Theater, Kino, Performance mit Erdflecken und lass dich leben und sterben wie eben da. Ich kann auch gehen wie ein Automat, keine Miene bewegen im Gesicht. Der Moonwalk Michael Jacksons oder die Flying Steps, wie sie mit Roboterarmen tanzten: Popping in Berlin-Kreuzberg.

Ich geb dich ein in meine Suchmaschine, dann lass ich ein Kind die Taste suchen. Vielleicht wird es sie finden ... ich habe die Kombination vergessen. Wir sagen den Mächtigen Bescheid. Sie haben nicht gehört und weil sie nicht gehört haben, schickten wir ihn oder sie: Geschöpf aus Wort und Materie.

Wir schickten die Leiharbeitenden, die Befristeten und Unbezahlten aus, um die Ausbeuter zu besiegen. Diese Heerscharen taten ihre Pfennige zusammen oder Cent und kauften den Lehm und gaben Geld dem Mann, der ihn schuf, und ließen ihn laufen wie einen Computer der ersten Generation. Bitte nicht Nixdorf. Es gibt ein Nixdorf-Museum, da stehen die frühen Golems herum, frei zur Besichtigung.

Es könnte einer von ihnen sein, der zurückkommt mit einem Dekret in der Hand, darin steht, die Juden* sollen ihre Häuser verlassen. Manchmal haben meine türkischen Nachbar*innen Angst. Sie denken, sie seien die Juden*. A. hat einen Anruf erhalten, sie sei die nächste, deren Haus brenne. Einem anderen haben sie Schweineblut ans Haus geschmiert. Das war 1993 und 2016.

Oder es kommt einer von ihnen mit einem Dekret zurück, darin erhalten sie die Gewähr, dass sie dableiben dürfen in der Gesellschaft. Allerdings versäumten sie es, den Golem abzustellen und gingen ihrer Wege. So wie der fromme Rabbi einstmals zu lange außer Haus geblieben war, sagt die Legende.

Ihre Tarifverträge waren verbessert worden. So geht er weiter, der Golem, ein Frankenstein-Geschöpf und von Faustischer Unsterblichkeit. Schön, vielleicht schön, warum nicht schön? und erschreckend. Wie hypnotisiert geht er weiter und weiter an den Mauern des Diego Rivera entlang, entlang der Montagebänder und -straßen. Der Golem dieser Stadt trug den Namen von Henry Ford. Pass auf, dass Du ihn nicht erzürnst. Fürchterliches kann er tun. Bis er auf eine Tür trifft. Als er sie öffnet, fällt er ins Nichts. Niemand hat ihn abgestellt, ihm seinen Zettel aus dem Mund geholt. Wir warten voller Angst und voller Hoffnung darauf, dass er kommt, und vielleicht hat er den letzten der erteilten Befehle noch gehört.

Ungeklärt sind seine Hintermänner, Hinterfrauen. Oder soll ich sagen: seine Herrschaft?! Kaum zu glauben, dass sie lange auf einem Dachboden mit Adonai sich besprachen und unter Frömmigkeit und Gebeten sich an das Werk begaben.

Ich meine den Befehl, dass er sich bücken solle und solle die Leute aufsammeln aus den Kriegsgebieten und woanders niedersetzen. Stattdessen hält er sie doch in der Hand und wenn er die Hand öffnet, dann würden sie ins Meer fallen. Ich sagte ihm: sorgsam absetzen. Am Ende war es ein Kind, das die Taste fand. Da hatte er sie dort niedergesetzt, wo sie schon waren. Sie weinten. Die Trümmer des Golem bedeckten ihre Zelte. Das Kind hatte *enter* gedrückt und hatte den Empfang ausgeschaltet. Die Worte waren der Schlüssel zu seiner Bewegung. Ich muss jetzt wollen, dass ich die Worte wiederfinde. Hab keine Wahl und geh, dem Monster Leben einzuhauchen. Es wunderte mich, dass der Rabbi in der Geschichte aus Prag nie wieder das Geschöpf erwecken wollte. Wegen der Gefahr, die von ihm ausginge? Dies wie hypnotisierte Geschöpf hatte ein gefährliches Eigenleben entwickelt, so als seien Befehle zwar wirksam, aber von wem gegeben?

In der Medizin scheint die Hypnose allmählich zurückzukehren, auch als Selbsthypnose. Die Zeiten, in denen sie verdammt worden war, verblassen. Und ich würde befehlen: Geh und tue? Die Zeitschrift *Der Golem* wurde nach drei Ausgaben eingestellt. Neue Golems werden erfunden.

SCHWARZ-JÜDISCHE ALLIANZEN IN DER KARIBIK

Zu Sarah Phillips Casteels CALYPSO JEWS

MICHA BRUMLIK

Die Zeit der US-amerikanischen Bürgerrechtsbewegung, als Martin Luther King gemeinsam mit Abraham Jehoschua Heschel für die Gleichstellung der schwarzen Amerikaner*innen Hand in Hand und Arm in Arm demonstrierten, sind längst vorbei. Juden* und Schwarze Menschen standen sich schon kurze Zeit später teilweise feindlich, ja geradezu handgreiflich gegenüber; derzeit, so hat es den Anschein, entspannen sich die Beziehungen wieder, obwohl nach wie vor eine Minderheit von Juden*, die der republikanischen Partei nahestehen, sich zum Teil verächtlich über Schwarze Menschen äußern, während politisch extremistische Schwarze wie Reverend Al Sharpton sich gelegentlich über Israel und die Juden* in einer an Antisemitismus grenzenden Weise äußern. Nicht vergessen wird nämlich, dass nicht wenige Juden* im Bürgerkrieg bis in die Generalität der Südstaaten hinauf für die Sklaverei eintraten. Das war in der Karibik zwar nicht anders – und dennoch existiert dort, zumindest in der Literatur, eine schwarz-jüdische Allianz. Das jedenfalls belegt Sarah Phillips Casteel – sie ist Professorin an der Carleton University, Ottawa – in einer im besten Sinne des Wortes Aufsehen erregenden Neuerscheinung.

Die Beziehungen zwischen Juden* und Schwarzen Menschen in der Karibik gehen letztlich auf zunächst marranische Familien zurück, die dem Druck der Iberischen Halbinsel entflohen und in der Karibik weniger als Pflanzer*innen denn als Händler*innen und – ja – auch als Sklavenhändler*innen tätig waren. Eine zweite Welle jüdischer Immigration ereignete sich im späten neunzehnten Jahrhundert und schließlich in der NS-Zeit. Casteel interessiert sich in ihrer Studie minder für die Realgeschichte der schwarz-jüdischen Beziehung denn für die Frage, wie sich diese drei Epochen in den literarischen Werken vor allem schwarzer karibischer Autor*innen niedergeschlagen haben: Bekannt geworden sind vor allem der Literaturnobelpreisträger Derek Walcott sowie die französischsprachige Autorin Maryse Condé. Hervorzuheben ist auf jeden Fall, dass es sich bei den Juden* der ersten Immigration nicht um aschkenasische, sondern um sephardische Juden* handelte. Darauf haben historisch arbeitende Literaturwissenschaftler*innen wie Jonathan Schorsch und Dalia Kandyoti in den letzten Jahren hingewiesen.[1] In der Dichtung etwa Derek Walcotts, zumal in seinem Gedicht *Tiepolos Hound* (New York 2000), bezieht sich der Autor auf den in der Karibik gebürtigen impressionistischen Maler Camille Pissaro (1830–1903), der einer jüdisch-kreolischen Familie sephardischer Herkunft entstammt. In diesem Zusammenhang ist auch der schwarze Theoretiker Edward Blyden (1832–1912) zu erwähnen, der – von Theodor Herzl beeindruckt – eine Rückkehr der Schwarzen nach Afrika forderte und zu einem Mitgründer des Staates Liberia wurde. Bei alledem ist festzuhalten, dass es in der Karibik beinahe zum Alltagswissen gehörte, dass Weiße und Schwarze Menschen jüdisches-marranisches Blut in ihren Adern hatten und haben. „Nou tout se Jwif" heißt es im kreolischen Französisch. In Maryses Conde Roman *Moi Tituba sorciere* (Paris 1988) heißt der männliche Protagonist Benjamin C. Azevedo und tatsächlich: auf dem Friedhof der Synagoge Nidhe Israel in Bridgetown (Barbados) findet sich ein entsprechender Grabstein.

Beinahe überflüssig zu erwähnen, dass sexuelle Beziehungen zwischen jüdischen Männern und schwarzen Frauen auf den Plantagen keineswegs selten waren. Die Romane von Cynthia McLoud *The Cost of Sugar* (London 2010) sowie *The Free Negreess Elisabeth* (London 2008) behandeln diese Thematik. Viele dieser Autor*innen wie Walcott und McLeod sehen in der Shoah, im Holocaust, die tiefste Frage des 20. Jahrhunderts, ein Ereignis, das ihre Geschichte ebenso traumatisch prägte wie die Sklaverei ihrer Vorfahren. Aus dieser Erkenntnis resultieren Nähe und Solidarität mit Blick auf rassistische Diskriminierung. So verwundert es auch nicht, dass diese Autor*innen und Wissenschaftler*innen sich in der Gegenwart in besonderer Weise Anne Frank nahe fühlen. Die Essayistin Michelle Cliff und der Essayist Caryl Phillips setzten sich intensiv mit Anne Franks Amsterdam auseinander. „For both […] the Anne Frank House is a site of trauma as well as illumination that reveals the interconnectedness of Black and Jewish Histories of oppression." (S. 241) In seinem nicht-literarischen Essay *A New World Order* aus dem Jahr 2001 stellt Phillips nach einer Forschung bezüglich der Vergangenheit seiner Familie fest:

> *I now understood that the cultural hybridity that is the quintessential Caribbean condition had certainly marked my person, and the quality of the blood that flowed through my veins was doggedly "impure".*[2]

---

1 Jonathan Schorsch: *Jews and Blacks in the Early Modern World*. Cambridge: Cambridge UP 2004; Dalia Kandyoti: *Migrant Sites. America, Place and Diaspora Literatures*. Lebanon: Dartmouth College Press 2009.

2 Caryl Philipps: *A New World Order*. London: Vintage 2010, S. 241.

In Deutschland ist die Karibik, ist *Jamaika* zum Schlagwort für einen gescheiterten politischen Neuanfang geworden – und zwar vor dem Hintergrund einer rechtextremistischen Partei, die hier – wie auch in anderen Ländern – zwar keine Reinheit des Blutes, wohl aber so etwas wie die ‚Reinheit' einer angeblich eindeutigen deutschen Kultur postuliert. Am historischen und literarischen Beispiel der sephardisch und schwarz geprägten Karibik im Laufe der letzten fünfhundert Jahre lässt sich aber im Gegenzug beweisen, wie sehr Martin Bubers These, dass alles (menschliche) Leben Begegnung[3] ist, zutrifft. Vor diesem Hintergrund zeigt sich, dass Konzept der Allianz weiterreicht als nur zum Schließen strategischer Zweckbündnisse von Minderheiten. Allianzen können mithin – um noch einmal Buber zu bemühen – im besten Falle zu Begegnungen werden, die die Ausdruckskraft menschlichen Lebens, also all dessen, was gemeinhin als *Kultur* bezeichnet wird, erheblich steigern.

Margarita Engle, eine US-amerikanische Autorin, die sich mit Shoah-Flüchtlingen auf Kuba befasst hat, hat diesem Thema ein Gedicht über einen deutsch-jüdischen, dreizehnjährigen Jungen, der elternlos auf die Insel kam, gewidmet:

> [...]
> *My parents chose to save me*
> *instead of saving themselves*
> *so now, here I am, alone*
> *on a German ship*
> *stranded in Havana Harbor*
> *halfway around*
> *the huge world.*
>
> *Thousands of other Jewish refugees*
> *stand all around me*
> *on the deck of the ship*
> *waiting for refuge.*
> [...][4]

Seit fünfhundert Jahren: Vertriebene, Verschleppte, Flüchtlinge, Sklavenhändler und Sklav*innen – das Bewusstwerden ihres Schicksals weist auf Gemeinsamkeiten, die tiefer reichen als vermeintlich klare ethnische Herkünfte.

Sarah Phillips Casteel: *Calypso Jews. Jewishness in the Caribbean Literary Imagination*. New York: Columbia UP 2016, 352 S.

---

3 Alles wirkliche Leben ist Begegnung". In: *Glaube und Freiheit*, 20.02.2012. https://glaubeundfreiheit.wordpress.com/2012/02/20/alles-wirkliche-leben-ist-begegnung/ (Zugriff am 15.01.2018)

4 Margarita Engle: *Tropical Secrets. Holocaust Refugees in Cuba*. New York: Holt 2009, S. 6.

BILINGUALE SÄTZE

YASMIN BIRKANDAN

Ich stricke Sätze aus türkischer und deutscher Sprache, indem ich den Faden der einen Sprache aufnehme und mit dem der anderen verknüpfe. Jedes Wort ist eine Masche. Es ist ein Hin- und Herspringen, bei dem eine Schlaufe die andere fordert.

Um die entsprechende Schlinge der anderen Sprache zu finden, müssen die Wörter zerlegt werden. Wie bei einem Puzzle mit Wortteilen ist jedes Ende in der einen der Anfang in der anderen Sprache, jeder Schluss ein Neubeginn.

Doch in jeder Sprache müssen auch Regeln bei der Wahl der Wörter beachtet werden. Sie sollen zur ersten passen, aber in der zweiten Sprache einen grammatikalisch korrekten Satzbau gewährleisten. Sodass das Wort sich zwar der anderen Kultur anpasst, gleichsam jedoch die Gesetze der eigenen nicht missachtet. Ein diffiziler und kniffliger Tanz zwischen den Systemen.

Auch die Geschwindigkeit ist eine deutlich andere. Rasch bilden sich zwei Sätze in einer Sprache, in zwei Sprachen ein Satz jedoch braucht seine Zeit.

Das Denken vollzieht sich hier in der Sprache, wird von ihr bestimmt. Nur in den Grenzen ihrer Mittel und Möglichkeiten kann ein Gedanke reifen.

Yasmin Birkandan

halte den dübel in die linden.[1]

1 Dübeli ağaçlarına uzat.

halt eden dübel indi elinden.[2]

2 Der Döbel, der einen Fehler begangen hat, springt aus deiner Hand.

leb, leb in legende.[3]

3 Masal, masal içinde yaşa.

leblebin leğende.[4]

4 Deine gerösteten Kichererbsen liegen in der Waschschüssel.

der halbe klee sende mir ruh und angel.[5]

5 Yoncanın yarısı bana huzur ve oltayı göndersin.

derhal bekle, esen demir ruhundan gel.[6]

6 Bleib augenblicklich stehen, komm heraus aus dem wehenden Geist des Eisens.

der mann erde engel.[7]

7 Adam melekleri toprağa bağlasin.

derman nerde engel? [8]

8 Wo ist der Trost ein Hindernis?

ALLIANZEN EINER BERLINERIN

Mein Bund mit Berlin – ein Abschied

JALDA REBLING

Gott schließt einen Bund mit Noah, mit Abraham, Isaak und Jakob, deshalb beginnen wir die Amida mit einem Segen für den Gott Abrahams, den Gott Isaaks und den Gott Jakobs. Als Vertreterin egalitären Judentums füge ich die vier Mütter Sarah, Rivkah, Leah und Rachel hinzu.

Berlin, meine Stadt, in der ich nicht geboren wurde, hat für mich viele Schichten, viele historische Schichten, die sich manchmal überlagern. Ich bin dieser Stadt eng verbunden, ich habe einen Bund mit ihr geschlossen, der sich immer wieder erneuerte; manchmal unerwartet, manchmal selbstverständlich.

Wenn ich im frühherbstlichen Berlin mit der Tram M1 die Oranienburger Straße entlangfahre, schieben sich manchmal die Bilder übereinander: im Haus Nummer 69, direkt an der Ecke Tucholskystraße, war das Büro meines Vaters in seiner Zeit als Chefredakteur der Zeitschrift *Musik & Gesellschaft*. Da saß ich oft im Vorzimmer mit seiner sehr netten Sekretärin und durfte frei malen, sie spielte gern mit mir. Und ich fühlte mich sicher. Das war vor mehr als 60 Jahren.

Als jüdisches Kind in einem Berliner Vorort war es sehr schwer, Freund*innen zu finden. Ich musste Deutsch lernen. Meine berühmte Mutter kannten alle, niemand kannte ihre Depressionen. Antisemitische, anonyme Anrufe, anonyme Briefe und Schmierereien kenne ich, solange ich denken kann. Manche Lehrer*innen, Eltern von anderen Kindern und Nachbar*innen benahmen sich so merkwürdig verkrampft. Es hat mich Jahre gekostet zu verstehen, warum das so war und warum es immer noch so ist. Ich war ein einsames Kind.

Wenn die jüdischen Freund*innen meiner Eltern und deren Kinder zu Besuch kamen, war alles anders. Das Haus meiner Eltern war ein Treffpunkt jüdischer Intellektueller, die sich für den Osten Deutschlands entschieden hatten, um ein neues Deutschland zu errichten. Sie lebten in ihrem eigenen Kokon.

Später, bei den wenigen Klassentreffen, zu denen ich aus Neugierde doch gegangen bin, wusste ich nicht, worüber ich mit denen reden sollte, mit denen ich über Jahre Tag für Tag die Schulbank drückte. Heute habe ich eigentlich nur noch Kontakt zu den Mitschüler*innen, die wie ich jüdisch und fremd waren.

1968 kam ich in das Jugendaktiv beim Antifa-Komitee der DDR. Ich war das Küken in der Gruppe. Wir sollten Kontakt zu westlichen Jugendorganisationen aufnehmen, um die Anerkennung der DDR international voranzutreiben. Aus der westlichen Emigration, Frankreich, England, Holland, USA, waren vor allem Jüd*innen in die DDR gekommen. Das Jugendaktiv war also sehr jüdisch. Es gab im Sommer ein internationales Jugendcamp in Prieros. Ich fühlte mich plötzlich zu Hause. Wir diskutierten, provozierten und feierten. Mein erster Joint. Ich lernte Helmut Eschwege kennen, er gab mir Bücher über die Slansky-Prozesse. Wir hatten viele Fragen an unsere Eltern. Und eigentlich war uns nach nächtelangen Diskussionen im Sommer 1968, nach dem Einmarsch in Prag klar, warum der Sozialismus so nicht funktionieren kann. 1989 waren wir nicht klüger.

1972 nach dem Abkommen von Helsinki wurde das Jugendaktiv aufgelöst. Es war wohl zu jüdisch.

In der Friedrichstraße 126, dem Haus des Ullstein Verlags, war meine Berufsschule. In der Großen Hamburger Straße, dem heutigen Moses-Mendelssohn-Gymnasium, lernte ich Schreibmaschine schreiben. Jahrzehnte später erlebte mein jüngster Sohn dort eine wunderbare Zeit in der Jüdischen Grundschule, die damals noch ohne Schutzzaun war.

Das Dokument für meinen Berufsschulabschluss habe ich nie abgeholt. Wozu auch, ich hatte mein Abitur bestanden und meine Zulassung für die Schauspielschule in der Schnellerstraße in Berlin-Schöneweide bereits in der Tasche. In meiner Stasiakte fand ich 25 Jahre später einen Brief: Der Direktor der Berufsschule beschwerte sich darüber, dass mich diese Ausbildung nicht interessierte.

Die drei wunderbaren Jahre an der Schauspielschule haben mein Leben geprägt. Unsere Dozent*innen und vor allem Rudi Penka, der damalige Direktor, sorgten dafür, dass wir uns frei ausprobieren konnten. Bis heute bin ich dankbar für die sehr fundierte Ausbildung. Es ging um uns Student*innen. Heute heißt dieser Ort Hochschule für Schauspielkunst „Ernst Busch".

In den frühen 70er Jahren gab es großartige Allianzen mit meinen Kolleg*innen am Theater in Chemnitz, damals Karl-Marx-Stadt. Eine politisch mutige und engagierte Compagnie. In Dresden erlebte ich das Gegenteil. Als Wolf Biermann ausgebürgert wurde, interessierte es dort niemanden. Ich war fassungslos. Wenige Monate später war ich zurück in Berlin, freiberuflich. Ich machte mich daran, mehr über meine Jüdischkeit zu lernen, den eigenen Weg zu entdecken. Alle bisherigen Allianzen waren entweder nicht stabil genug gewesen – oder gar nicht mehr existent. Dafür begleiteten nun die Berliner Bibliotheken und wunderbare Lehrer wie Eugen Gollomb z"l der Leipziger Gemeindevorsitzende oder Motek Weinryb z"l und seine Frau Sarah z"l meinen Lernweg.

Direkt am S-Bahnhof Friedrichstraße befand sich das berühmte Pressecafé, wo man sich traf oder auf Gäste aus West-Berlin wartete, weil man nie wusste, wie lange die Kontrollen dauerten. Heute ist dort ein Burger-Billig-Restaurant, an dem Tourist*innen entlangströmen.

Wenige Schritte weiter in Richtung Weidendammer Brücke war das Polnische Kulturzentrum in einem Provisorium untergebracht. Dort gab meine Mutter am 5. Juni 1967 ihr berühmtes Konzert zum Gedenken an Mordechai Gebirtig. Dort steht jetzt eines von diesen ewig gleich aussehenden computerdesignten Häusern, die unsere Innenstadt so gesichtslos werden lassen.

Nach diesem Konzert war sie plötzlich aus dem offiziellen Kulturleben der DDR verschwunden. Sie wurde aus Radiosendungen und aus TV-Sendungen einfach gestrichen. Sie hatte sich geweigert, eine Erklärung der jüdischen Intellektuellen „gegen den Aggressor Israel" zu unterschreiben. Ich ging mit einem großen Davidstern um den Hals zur Schule. „Was trägst du da, das ist das Zeichen des zionistischen Aggressors", wurde ich angegriffen. „Das ist das Zeichen meiner in Auschwitz ermordeten Großeltern", antwortete ich. Schweigen, Irritation.

1975 feierte meine Mutter ein Comeback. Zu den Berliner Festtagen waren ihre Konzerte ausverkauft. Als ich ein Jahrzehnt später im Januar 1987 die ersten Tage der Jiddischen Kultur organsierte, ging es uns genauso. Es war verrückt, mit dem Ende der 70er Jahre wurde Jiddisch, die Sprache der Machtlosen, wie Isaac Bashevis Singer es formulierte, auf einmal die Sprache derer, die sich in alternativen Räumen, beim Kulturbund, in Studentenkellern und in Kirchen trafen. Auf einmal gab es eine Allianz mit denen, die mehr Demokratie, mehr Luft zum Atmen in dem kleinen engen Land wollten. Die alljährlichen Friedensdekaden im November mit ihrem Gedenken an die Reichspogromnacht wurden zum Ort derer, die man später als Bürgerbewegung bezeichnete, zum Zentrum der Menschen, die dann 1989 auf die Straße gingen. Zwischen den Stühlen ist viel Platz.

Gegenüber dem Centrum Judaicum in der Oranienburger Straße steht das ehemalige Telegrafenamt. Heute wird es zu einem Luxusappartement- und Geschäftsareal ausgebaut. 2002 hat die Künstlergruppe *Meshulash* dort ihre provokante Ausstellung *Re-Generation* präsentiert.[1]

1 Kerstin Decker: Schwarzer Messias. Repräsentativ oder provokant? Jüdisches Leben und jüdische Kunst – zwei Ausstellungen in Berlin. In: *Der Tagesspiegel Online*, 21.11.2002. http://www.tagesspiegel.de/kultur/schwarzer-messias/365860.html (Zugriff am 30.01.2018)

Dort stand ich in den 80er Jahren an, um ein Telefon zu beantragen, welches mir dann am 9. Oktober 1989 zugestanden wurde. Es war Jom Kippur. Ich hatte mich in der benachbarten Gethsemanekirche für die zu Unrecht Inhaftierten eingesetzt. Am frühen Abend hatte ich *Dos lid fun sholem* gesungen. Und dann war die Staatmacht abgezogen.

Ein guter Nachbar ist immer besser als ein ferner Verwandter, schreibt Scholem Alejchem in seiner Erzählung *Menschen und Götter*. Als nach dem 9. November 1989 die „Deutschland den Deutschen" Grölenden an meinem Fenster vorbeizogen. Als die Farbbeutel am Fenster zerplatzten und die Türen eingetreten wurden. Als die anonymen Anrufe und Briefe nun auch wieder bei mir ankamen, konnte ich auf die Hilfe meinen christlichen Nachbarn vertrauen. Die Polizei nahm meine Anzeige im Polizeipräsidium an der Schönhauser Allee entgegen, in dem Gebäude des früheren Jüdischen Altersheims mit Blick auf den schönen Guten Ort, den alten Jüdischen Friedhof.

Neben dem Eingang zum modernen Centrum Judaicum ist das längst geschlossene Restaurant Kadima. Wenn man zur Ost-Berliner Jüdischen Gemeinde ging, war dies die Adresse. In den Gemeinderäumen im Hinterhof gab es spannende Veranstaltungen und in der dritten Etage befand sich die Bibliothek. Die wunderbare Bibliothekarin Renate Kirchner nahm sich immer Zeit für alle Fragen. Und ich hatte viele Fragen. Bei der Gründung der Gruppe *Wir für uns* in den späten 80er Jahren war ich dabei, rief noch Menschen an, die wir einladen sollten. Nach den ersten Treffen verschwand ich ganz schnell wieder. Mich beschäftigten inzwischen völlig andere Themen.

In den frühen 80er Jahren studierte ich viel und begann, mich mit den Ursprüngen der jiddischen Sprache zu beschäftigen. Jüdisch-deutsche Literatur vom frühen Mittelalter bis in die Moderne. Jüd*innen als Nachbar*innen seit Karl dem Großen. Das Jüdische Mittelalter in Sepharad und Aschkenas. Und wenn die Kölner Dokumente aus dem Jahr 321 nicht lügen, waren wir Jüd*innen bereits mit den Römern gekommen, lange bevor dieser Teil der Welt christianisiert wurde. Das führte zu heftigen Diskussionen mit vielen, die sich so sehr für die ostjüdische Kultur begeisterten. In Deutschland wurde mit den Jüd*innen deutsche Kultur ermordet und ins Exil getrieben. Jüd*innen als Nachbar*innen – das war ein unbequemer Gedanke.

Mit dem Fall der Mauer und einem gemeinsamen Ziel brachen wieder Allianzen auseinander. Neue Allianzen entstanden: In der AHAWAH, Auguststraße 14/16 haben zwei Freunde von mir Abitur gemacht, 1968. Jüdische Freunde. Uns verbindet eine lange Freundschaft.

In den frühen 90ern trafen Anna Adam und ich *Meshulash*. Eine Künstler*innengruppe, die 1992 nach den Pogromen von Rostock Lichtenhagen von Gabriel Heimler, einem nach Berlin gekommenen französischen Künstler, gegründet worden war. Die Gruppe brachte sich immer wieder provokativ in die öffentliche Diskussion ein. Die Ausstellung *DAVKA* zu den Jüdischen Kulturtagen 1998 in der AHAWAH in der Auguststraße verschaffte uns internationale Anerkennung.

> *Das öffentliche Bild von jüdischem Leben heute ist geprägt von Gedenktafeln, Polizeischutz und immer wieder Klezmermusik. „Wir mischen uns ein, wenn unserer ermordeten Großeltern gedacht wird oder eine lebendige Tradition zum Museumsstück gemacht wird, und finden eigene Wege: im alltäglichen Umgang miteinander, religiös und kulturell" – so ein Faltblatt der Gruppe. Nahezu alle Ausstellungen zum Thema Judentum, ob Jüdische Lebenswelten 1992 oder zur Zeit [1996] Erbe und Auftrag seien rückwärts gerichtet, beschränkten sich zumeist auf Bestandsaufnahmen, Dokumentationen der Verluste und Pflege dessen, was die Shoah überdauert habe, sowie nostalgische Verklärung der Vergangenheit.*[2]

Wie definieren wir uns neu als moderne Jüd*innen? Sollten wir den gerade als offiziellen Gedenktag eingeführten 27. Januar, den Befreiungstag von Auschwitz, nicht besser mit einer gigantischen Party begehen? Am Jisrael Chai!! Wie gehen wir mit all denen um, die Jüd*innen so sehr lieben, und schockiert sind, wenn wir anders sind, als sie es erwarten? Die Zeitschrift *Golem*, erschienen im Aviva-Verlag, erlebte 1999 ihre erste Ausgabe: Esther Dischereit fordert: „Wir müssen nicht erklären warum, sondern dass wir Juden sind."[3] Anna Adam hat 2001 mit ihrer Satire-Ausstellung *Feinkost Adam©* genau diese Fragen aufgegriffen. Die Ausstellung im Jüdischen Museum Fürth wurde zu einem Skandal, der Vorsitzende der Nürnberger Jüdischen Gemeinde warf der Tochter von Shoah-Überlebenden Antisemitismus vor. Er hatte die Ausstellung nicht gesehen.[4]

Ein Jahr später war Anna Adams Satire-Projekt *Shulchan Aruch* in der Kieler Kunsthalle von weniger Skandal begleitet, obwohl sie eigentlich viel frecher war; *Mit vollem Mund spricht man nicht*:

---

2 Im Archiv von *haGalil.com* findet sich eine Dokumentation der Ereignisse in: Davka – Jüdisches Leben in Berlin: Traditionen und Visionen von der Gruppe Meshulash. Das herausragende Ereignis der jüdischen Kulturtage '98. In: *haGalil.com*, 19.11.1998. http://www.hagalil.com/archiv/98/11/davka.htm (Zugriff am 11.10.2017).

3 Jan Kixmüller: Das Magazin „Golem" wird erstmals in Berlin vorgestellt. In: *Der Tagesspiegel Online*, 03.12.1999. http://www.tagesspiegel.de/berlin/das-magazin-golem-wird-erstmals-in-berlin-vorgestellt/108584.html (Zugriff am 11.10.2017)

4 Verschiedene Berichte zu dem Vorfall: Die Begleittexte zu FEINKOST ADAM. Eine Dokumentation zur Ausstellung im jüdischen Museum Fürth. In: *haGalil.com*, 09.04.2002. http://www.judentum.net/kultur/adam-2.htm (Zugriff am 11.10.2017); Wird „Feinkost Adam" in Fürth heute geschlossen? In: *Der Tagesspiegel*, 17.04.2002. http://www.tagesspiegel.de/kultur/wird-feinkost-adam-in-fuerth-heute-geschlossen/305748.html (Zugriff am 11.10.2017); Philipp Gessler: Unnormal bittere Feinkost. In: *taz*, 06.06.2002, S. 5. http://www.taz.de/!1106377/ (Zugriff am 11.10.2017); Pressemitteilung (Jüdisches Museum Franken). In: *haGalil.com*, 02.04.2002. http://www.berlin-judentum.de/kultur/anna-adam.htm (Zugriff am 11.10.2017); Protokoll des Chats mit Anna Adam. In: Ebd., 23.04.2002. http://www.judentum.net/kultur/adam-chat.htm (Zugriff am 11.10.2017).

> *Gustav Freistil von Drückeberger ist ein deutscher Großindustrieller, der das von seinem Großvater einstmals arisierte Unternehmen heute erfolgreich führt. Er will der Stiftung der Deutschen Wirtschaft zur Entschädigung von ehemaligen Zwangsarbeitern nicht beitreten. Nun hat er ein Problem und lädt zur Imagepflege Herrn Alfons Arie Allerbester ein. Dieser ist offizieller Repräsentant einer jüdischen Gemeinde in Deutschland und Leiter mehrerer Wohlfahrtseinrichtungen. Im Gegenzug für eine Spende wäre er bereit, sich mit Herrn Drückeberger im Beisein der Presse öffentlich zu zeigen. Anna-Fleure Gornischt ist eine von zahllosen ‚biologischen' Jüdinnen und Juden in Deutschland, die Herrn Drückeberger und Herrn Allerbester nur aus den Medien kennen. Sie wurde versehentlich zu diesem Diner eingeladen und wundert sich. Herr Allerbester sagt über Frau Gornischt: „Sie ist biologische Jüdin, sonst nichts!" Da Herr Drückeberger große Angst davor hat, ausgerechnet an diesem Abend etwas falsch zu machen, bittet er die Service-Gesellschaft Feinkost Adam für einen politisch korrekten Ablauf des Abends zu sorgen.*[5]

Es gab Fragen, die „offen auf dem Tisch lagen", es gab Konversationsspickzettel, um nicht in „Fettnäpfchen zu treten", es gab „Bälle, die man sich zuspielen konnte", Schwämme für ein „Schwammdrüber", Seifenblasen für nette hohle Phrasen. Die Besucher*innen waren eingeladen, diese Konversation mit den vorhandenen Hilfsmitteln oder auch ohne diese zu führen. Einige Tausend Besucher*innen hatten großen Spaß an der Mitmachinstallation. Ebenso Hunderte Besucher*innen der Ausstellung im Jüdischen Museum Hohenems.

Vor dem Rosenthaler Platz liegen die Hackeschen Höfe. In den 70er Jahren befanden sich hier Probenstudios des Fernsehens der DDR. Da war ich an der Vorbereitung diverser TV Produktionen als Schauspielerin beteiligt. 1993 entstand dort in den alten unrenovierten Höfen das Hackesche Hoftheater. Hier entwickelten wir gemeinsam mit Burkhart Seidemann z"l und Mark Aizikovitch z"l, der 1990 aus der ehemaligen Sowjetunion nach Berlin gekommen war, das Jiddische LiedTheater und 13 erfolgreiche Inszenierungen. Heute kann man an diesem Ort für einige hundert Euro Taschen kaufen.

Im Centrum Judaicum gab es diese kleine Synagoge im 3. Stock. Sie war leer. Einige Jüd*innen wollten nach dem Fall der Mauer und dem Abzug der Alliierten hier einziehen. Wir wollten unser Judentum neu entdecken, ein kreatives, modernes Judentum. Dort fanden die ersten Bet Debora Kongresse statt. Dort las ich zum ersten Mal aus der Tora. Dort haben meine

5 Mit vollem Munde spricht man nicht! Tischsitten und Eßkultur in der zeitgenössischen Kunst. In: Ebd., 21.08.2002. http://www.judentum.net/kultur/schulchan.htm (Zugriff am 11.10.2017); Jüdischer Kitsch und andere heimliche Leidenschaften. Identity Shopping, Gott im Detail und die Sehnsucht nach den Dingen des Glücks. In: *Jüdisches Museum Hohenems Online*. http://www.jm-hohenems.at/ausstellungen/rueckblick/juedischer-kitsch-und-andere-heimliche-leidenschaften (Zugriff am 11.10.2017)

Frau Anna Adam und ich unserem jüngsten Kind die Tora gegeben, als er Bar Mitzwa wurde. Dort habe ich zum ersten Mal die Hohen Feiertage geleitet. 2005 stellten wir zum ersten Mal eine Chuppah für ein schwules Paar auf. Aber als ich mit einer Semicha, einer Ordination als Chasan, 2007 aus den USA zurückkehrte, war der Ort der Alternative auf einmal institutionalisiert worden. Wir organisierten 2007 den ersten europäischen Ohel-HaChidusch-Kongress, den Rabbi Elisa Klapheck dann als European Shabaton in Frankfurt fortsetzte. Heute arbeite ich für die *European Academy for Jewish Liturgy* in London oder in Jerusalem und unterrichte viele Kurse online. Die Welt ist zusammengewachsen. Die Welt ist groß.

Zwischen den Stühlen ist wieder mehr Platz. Berlin hat viele Schichten. Mit großem Vergnügen erlebe ich beim Ernst Ludwig Ehrlich Studienwerk oder beim Desintegrationskongress hochspannende Diskussionen zu den Fragen, die wir vor 20 Jahren formulierten, sie werden von einer neuen Generation neu gestellt und hochsubventioniert.

Allianzen mit den nichtjüdischen Mitbürger*innen gab es immer nur in bestimmten politischen oder künstlerischen Zusammenhängen. Wirklich tiefe langjährige Verbindungen sind ein seltenes Geschenk. Ich bin dankbar, dass in meiner Stadt nun so viele verschiedene freie jüdische Gruppen nebeneinander ein selbstbestimmtes modernes Judentum leben.

Die Mitfahrenden in der M1 wechseln immer wieder. Selten fahren Berliner mit, die noch berlinern, so wie ich, als die Tram M1 noch Straßenbahnlinie 46 hieß. Man hört viele verschiedene Sprachen.

Es ist Zeit für einen neuen Bund, einen neuen Anfang. *Baruch Hashem*

Berlin, Prenzlauer Berg, Chol Ha-Moed, Sukkot 5778

ZWISCHEN KONKURRENZ UND KOOPERATION

*Allianzen zwischen Jüdinnen*Juden sowie Rom*nja und Sint*ezze*

JASMIN DEAN

Zwischen den Geschichten und Erfahrungen von Jüdinnen*Juden sowie Rom*nja und Sint*ezze bestehen nicht nur Unterschiede, sondern auch zahlreiche Verbindungen und Gemeinsamkeiten. Diese zeigen sich besonders offensichtlich in ihrer Verfolgung durch den NS-Staat, worauf nicht zuletzt Angehörige dieser Communities selbst immer wieder hingewiesen haben.[1] Obwohl diese Ähnlichkeiten kaum zu übersehen sind, wurden sie nach 1945 aus den öffentlichen Diskursen der BRD und der DDR verdrängt. Das hatte vor allem politische Gründe und drückte sich in einem unterschiedlichen Umgang mit diesen beiden Kollektiven im Bereich der Erinnerungspolitik, den Entschädigungspraktiken und der Migrationspolitik aus. Diese staatliche Politik trug auch maßgeblich zur (Vor-)Strukturierung des Verhältnisses zwischen Jüdinnen*Juden sowie Rom*nja und Sint*ezze bei.[2]

Die Anerkennung der und das Gedenken an die Shoah sowie die Entschädigung der jüdischen Überlebenden waren – aus Sicht der Westalliierten – ein Gradmesser für die Demokratisierung der Bundesrepublik und

1 So schrieb die Sintezza und Auschwitz-Überlebende Philomena Franz in ihrer Autobiografie über den Tag ihrer Verhaftung durch die SS: „An jenem Tag habe ich mit der Kraft, mit der wenigen Kraft, die mir noch blieb, gespürt, dass mich mit den Juden eine große Solidarität verbindet." (Philomena Franz: *Zwischen Liebe und Hass. Ein Zigeunerleben*. Freiburg i. Br.: Herder 1985, S. 54–55.) Auf den jüdischen Philosophen Ernst Tugendhat, der einige Jahre lang Schirmherr der Gesellschaft für bedrohte Völker war, geht die Aussage zurück, dass die beiden Minderheiten „von ihrem Schicksal her [...] Geschwister" seien. (Vgl. Gesellschaft für bedrohte Völker: 40 Jahre für Menschenrechte und Minderheiten. In: *Gesellschaft für bedrohte Völker Online*. https://www.gfbv.de/de/informieren/zeitschrift-bedrohte-voelker-pogrom/aeltere-ausgaben/251-bedrohte-voelker-pogrom-40-jahre-fuer-menschenrechte-und-minderheiten/ (Zugriff am 11.10.2017).)

2 Dies habe ich andernorts ausführlicher dargestellt. (Vgl. Jihan Jasmin Dean: Verzwickte Verbindungen. Eine postkoloniale Perspektive auf Bündnispolitik nach 1989 und heute. In: Meron Mendel / Astrid Messerschmidt (Hrsg.): *Fragiler Konsens. Antisemitismuskritische Bildung in der Migrationsgesellschaft*. Frankfurt am Main: Campus 2017, S. 101–129.)

eine Voraussetzung für die Wiederaufnahme in die Staatengemeinschaft. Demgegenüber gab es über lange Zeit hinweg keine Autorität, die sich für die völkerrechtliche Anerkennung des nationalsozialistischen Genozids an Rom*nja und Sint*ezze (Porajmos) einsetzte. Die bundesdeutschen Behörden verweigerten noch bis in die 1980er Jahre hinein Entschädigungszahlungen an Überlebende mit dem Argument, diese seien nicht „aus rassischen Gründen" verfolgt, sondern zur Kriminalprävention in Lagern inhaftiert worden.[3] Deshalb hat sich der Zentralrat Deutscher Sinti und Roma[4] stets für eine Gleichstellung von Sint*ezze und Rom*nja mit Juden*Jüdinnen eingesetzt, was ihre Entschädigung als NS-Verfolgte und die Anerkennung des Porajmos als Völkermord *neben* der Shoah betraf.[5] Zu Beginn der 1990er Jahre bemühte er sich auch um den Einschluss von Sint*ezze und Rom*nja in die Widmung des Holocaust-Mahnmals in Berlin und damit um einen Eintritt in nationale Geschichtsrepräsentationen. Auch jüdische Communities standen der Mahnmal-Initiative, die von einer Gruppe *weißer* nichtjüdischer Deutscher ausging und als erstes gesamtdeutsches Erinnerungsprojekt von der Regierung aufgegriffen wurde, äußerst skeptisch gegenüber.[6] Jüdinnen*Juden hatten mit dem Mahnmal zwar Zugang zu einer Geschichtsdarstellung, wurden dort aber auf eine ganz bestimmte Art und Weise, nämlich als *das* Kollektiv von ‚Opfern des Holocaust', repräsentiert. Dies schloss gleichzeitig andere Wahrnehmungen aus. Viele von ihnen wollten sich darüber hinaus nicht für die Aufrechterhaltung des Narrativs von der ‚geläuterten Nation' instrumentalisieren lassen.

Eine ähnliche Entwicklung zeigte sich in der Migrationspolitik: Jüdinnen*Juden aus den GUS-Staaten wurden seit Anfang 1991 als sogenannte Kontingentflüchtlinge aufgenommen, um ihnen Schutz vor dem dort zunehmenden Antisemitismus zu gewähren. Diese Regelung wurde u. a. mit der moralischen Verpflichtung aufgrund der deutschen Vergangenheit begründet.[7] Dieser Status wurde anderen Zufluchtsuchenden, so auch den aus Osteuropa fliehenden Rom*nja, vorenthalten. Der Roma National Congress (RNC) unter dem Vorsitz von Rudko Kawczynski forderte auch in diesem Bereich ihre Gleichstellung ein.[8] Als eine Gruppe von Rom*nja im Mai 1993 – nach der Asylrechtseinschränkung und angesichts einer neuen Abschiebewelle – eine Mahnwache vor der polizeilich abgeriegelten Gedenkstätte Neuengamme abhielt, verlangte der RNC in ihrem Namen von der Bundesregierung, den aus den Bürgerkriegsgebieten des ehemaligen Jugoslawiens geflohenen Rom*nja „analog

3 Vgl. Romani Rose: *Bürgerrechte für Sinti und Roma. Das Buch zum Rassismus in Deutschland*. Heidelberg: Zentralrat Deutscher Sinti und Roma 1987, S. 61. Für den Kontext DDR, auf den hier nicht näher eingegangen werden kann, vgl. Michaela Baetz / Heike Herzog / Oliver v. Mengersen: *Die Rezeption des nationalsozialistischen Völkermords an den Sinti und Roma in der sowjetischen Besatzungszone und der DDR*. Heidelberg: Dokumentations- und Kulturzentrum Deutscher Sinti und Roma 2007.

4 Im Folgenden verwende ich die Abkürzung ZR Sinti und Roma. Den Zentralrat der Juden in Deutschland kürze ich mit ZR der Juden ab.

5 Vgl. Rose: *Bürgerrechte für Sinti und Roma*.

6 Vgl. Michael Jeismann (Hrsg.): *Mahnmal Mitte. Eine Kontroverse*. Köln: DuMont 1999.

7 Für eine ausführliche Darstellung vgl. Franziska Becker: *Ankommen in Deutschland. Einwanderungspolitik als biographische Erfahrung im Migrationsprozess russischer Juden*. Berlin: Reimer 2001.

8 Zurzeit vertritt der Bundes Roma Verband e. V. diese Position. (Vgl. Bundes Roma Verband e. V.: Endlich eine Lösung finden: Bleiberecht für Roma in Deutschland. In: *Jalta. Positionen zur jüdischen Gegenwart* 2 (2017), S. 139–140.)

der Aufnahme von Juden aus der ehemaligen Sowjetunion" ein dauerhaftes Bleiberecht zu gewähren.[9]

In diesem Beitrag frage ich, wie Sint*ezze und Rom*nja sowie jüdische Communities mit der oben skizzierten, durch staatliche Politik erst hervorgebrachten ‚Konkurrenzsituation' umgingen. Gemeinhin wird davon ausgegangen, dass sie sich dadurch spalten ließen. Ich behaupte allerdings, dass es auch Gegenbeispiele gibt, und begebe ich mich an drei verschiedene Orte zu je verschiedenen Zeitpunkten, um dies aufzuzeigen.

1. ANERKENNUNG UND AUFARBEITUNG DES PORAJMOS

Ende der 1970er Jahre begann sich in der BRD eine erste, breite Bürgerrechtsbewegung von Sint*ezze und Rom*nja herauszubilden, aus der schließlich 1982 der ZR Sinti und Roma hervorging.[10] Diese Bewegung, die v. a. von Sinti-Verbänden getragen wurde und welcher der spätere Zentralratsvorsitzende Romani Rose angehörte, machte anfangs durch einige spektakuläre politische Aktionen auf sich aufmerksam. Dabei wurde sie nicht nur durch mehrheitsdeutsche Vereine wie die Gesellschaft für bedrohte Völker, sondern auch von einer Reihe jüdischer Persönlichkeiten unterstützt und solidarisch begleitet, wodurch ihr überhaupt erst Gehör verschafft wurde. Oberstes Ziel war damals die Anerkennung des Porajmos als Völkermord und die Entschädigung der Überlebenden durch die Bundesrepublik. Die erste öffentlichkeitswirksame Aktion dieser Bewegung war eine Gedenkkundgebung am 27. Oktober 1979 im ehemaligen Konzentrationslager Bergen-Belsen. Dort sprachen u. a. Simone Veil, eine jüdische Überlebende dieses Lagers, die damals gerade ihren Posten als Präsidentin des Europa-Parlaments antrat, sowie Heinz Galinski als Vorsitzender der Jüdischen Gemeinde zu Berlin.[11] Zu Ostern 1980 folgte ein Hungerstreik in der Gedenkstätte Dachau, mit dem gegen die rassistischen Praktiken der ‚Landfahrerzentrale' in München protestiert und Aufklärung über den Verbleib der Akten gefordert wurde, die während der NS-Zeit im ‚Rassehygieneinstitut' über Sint*ezze und Rom*nja angelegt worden waren.[12]

Eine der wichtigsten jüdischen Persönlichkeiten, die sich solidarisch für die Belange der Rom*nja und Sint*ezze einsetzten, war Simon Wiesenthal vom Wiener Dokumentationszentrum des Bundes jüdischer Verfolgter des Naziregimes. Wiesenthal hielt auf dem dritten Roma-Weltkongress im Mai 1981 in Göttingen eine Rede und erklärte: „Dass die Nazis die totale Vernichtung aller Sinti und Roma und aller Juden vorhatten, wird heute kein ernstzunehmender Historiker mehr leugnen."[13] Er setzte auch seine Kontakte und Verbindungen zu Politiker*innen ein, um Aktionen der Bürgerrechtsbewegung zu unterstützen. Als diese im September 1981 das Tübinger Universitätsarchiv besetzte, um die Herausgabe der o. g. NS-Akten zu erstreiten, versuchte Wiesenthal, die Forderung durch seine öffentliche Solidarisierung zu bekräftigen.[14] Darüber hinaus unterstützte er eine Klage des ZR Sinti und Roma gegen Kriminalisierung

9 Vgl. Neuengamme für Roma gesperrt (ga). In: *ak – analyse & kritik. Zeitung für linke Debatte und Praxis* 355 (1993), S. 3.

10 Für eine ausführliche Darstellung dieser Bewegung und ihrer Vorläufer vgl. Rose: *Bürgerrechte für Sinti und Roma*, S. 88–114.

11 Vgl. ebd., S. 93.

12 Vgl. ebd., S. 93–94.

13 Zit. n. ebd., S. 30.

14 Vgl. ebd., S. 124, 129.

und polizeiliche Sondererfassung vor der Europäischen Menschenrechtskommission und erklärte hierzu:

> *Wenn man die vorgelegten Aufrufe der deutschen Polizei liest, fühlt man sich in die Zeit des ‚Dritten Reiches' versetzt, und es fehlt in diesen Polizeipressemeldungen nur noch das Wort ‚Juden' – ansonsten entspricht die Diktion dieser Aufrufe genau der Nazizeit! Die Tragödie der Sinti und Roma spielte sich parallel zu der jüdischen Tragödie ab, sie waren der Ausrottung genauso preisgegeben, in Lager gesperrt, an ihren Kindern wurden Experimente in Auschwitz durchgeführt. Wir wissen, daß auf Grund der Behandlung, die den Sinti und Roma durch die Nazis zuteil wurde, eine halbe Million von ihnen umgebracht wurde. Die Abneigung gegen Sinti und Roma hat die Nazizeit überlebt.*[15]

Wiesenthal machte hier zum einen auf die fortgesetzten Kriminalisierungspraktiken gegenüber Rom*nja und Sint*ezze aufmerksam, die für ihn in engem Zusammenhang mit der unzureichenden Aufarbeitung der NS-Ideologie stand. Zum anderen beharrte er auf der Anerkennung des Porajmos als Völkermord, der „parallel" zur Shoah stattfand. Romani Rose dankte ihm rückblickend und würdigte sein Engagement wie folgt:

> *Wiesenthal gehörte zu den jüdischen Persönlichkeiten, die uneingeschränkt aufgrund ihrer eigenen Erfahrungen mit dem „Dritten Reich" Verantwortung für Minderheiten übernahmen und ihre Stimme mahnend und engagiert gegen jede Form des Rassismus erheben. Simon Wiesenthal sorgte maßgebend dafür, daß der Völkermord aus rassistischen Gründen an den Sinti und Roma allmählich genauso ins Bewusstsein der internationalen Öffentlichkeit rückt wie der Holocaust am jüdischen Volk.*[16]

2. SOLIDARISIERUNGSBEWEGUNGEN IN DEN BLEIBERECHTSKÄMPFEN Ende der 1980er Jahre bildete sich eine ‚neue', von Rom-Organisationen getragene Bürgerrechtsbewegung, die sich in erster Linie für ein Bleiberecht der aus Osteuropa fliehenden und zuwandernden Rom*nja einsetzte. Eine wichtige Rolle hierbei spielten der Rom e. V. in Köln und die Rom & Cinti Union (RCU) in Hamburg, aus der später der europaweit agierende Roma National Congress (RNC) hervorging. In allen diesen Vereinen waren Rom*nja federführend, die bereits länger in Deutschland lebten.[17] Während der Rom e. V. als interkultureller Verein konzipiert war, in dem Rom*nja und Mehrheitsangehörige zusammenarbeiteten, wurden in den Hamburger Organisationen nur in Ausnahmefällen Nicht-Rom*nja als Mitarbeiter*innen akzeptiert. Die RCU mit Rudko Kawczynski an der Spitze versuchte seit 1988, die konkret drohende Abschiebung der Familien Adzović und Bayramović nach Jugoslawien zu verhindern und führte zahlreiche öffentlichkeitswirksame Aktionen durch.

Die aus zwölf Personen bestehende Familie Adzović wurde erst von der RCU selbst versteckt und kam dann vom 8. Dezember 1988 bis 2. Januar 1989 in der Hamburger *Hafenstraße* unter.[18] Zum Jahreswechsel gab Herr Adzović

15 Zit. n. Rose: *Bürgerrechte für Sinti und Roma*, S. 160.

16 Ebd., S. 2.

17 Zur Unterscheidung verschiedener Teilgruppen je nach Zeitpunkt und Kontext ihrer Einwanderung vgl. Elizabeta Jonuz: *Stigma Ethnizität. Wie zugewanderte Romafamilien der Ethnisierungsfalle begegnen*. Opladen / Farmington Hills: Budrich 2009, S. 12.

18 Vgl. Die Grünen im Kölner Rat / Kreisverband der Grünen Köln: Kölner Solidaritätsresolution für die

bekannt, dass seine Familie sich „missbraucht" fühlte. Denn an einem Zaun vor ihrem Fenster waren Transparente aufgehängt worden, auf denen die Solidarität mit dem „palästinensischen Volksaufstand" und ein Boykott Israels gefordert wurden. Herr Adzović bezeichnete diese als „antijüdische Banner". Die RCU teilte der Presse mit, weil Herr Adzovićs Vater und zwei seiner Onkel „Seite an Seite mit Juden in Konzentrationslagern starben", sei der Aufenthalt in der *Hafenstraße* für ihn und seine Familie nicht länger möglich.[19] Schließlich hätte die Öffentlichkeit annehmen können, dass auch die Adzovićs hinter den auf den Transparenten verbreiteten Botschaften standen. Dies ist ein Beispiel dafür, wie Rom*nja aus dem Umfeld der RCU sich einer Instrumentalisierung durch die mehrheitsdeutsche Linke widersetzten und stattdessen mit Jüdinnen*Juden verbündeten.

Auch in umgekehrter Richtung fand eine Solidarisierung statt. Im Folgenden möchte ich auf die spezifische Rolle zweier jüdischer Aktivisten eingehen, welche aktiv an den Kämpfen der RCU teilnahmen. Michel R. Lang, Journalist und Mitglied der Jüdischen Gemeinde zu Berlin, war um 1988/1989 Pressesprecher der RCU. Die von ihm verfassten Presseerklärungen enthalten oft persönliche Aussagen über seine Identität als Jude, der durch die Shoah zahlreiche Familienmitglieder verlor, und seine Verbundenheit mit Rom*nja und Sint*ezze. Er brachte seine Persönlichkeit und Biografie stark (zu stark?) in seine Arbeit für die RCU ein und verlangte darüber hinaus von jüdischen Communities mehr Solidarität mit den Bleiberechtskämpfen der Rom*nja.[20] Als im Februar 1989 etwa zwanzig Aktivisten[21] der RCU, darunter auch der Vater der Familie Adzović, einen Hungerstreik in der KZ-Gedenkstätte Neuengamme durchführten, um für ein Niederlassungsrecht in der BRD zu kämpfen, nahm auch Lang für einige Tage daran teil.[22]

Etwa zeitgleich wurde bundesweit über eine politische Aktion diskutiert, die in Köln stattgefunden hatte: Am 9. November 1988 hatten Aktivist*innen der Kölner Roma-Initiativen, der Vorläufergruppe des Rom e.V., eine Gedenkveranstaltung zur Pogromnacht in der Kölner Oper genutzt, um unaufgefordert das Podium zu betreten und an den Porajmos zu erinnern. Kurz nach diesem Vorfall sahen sich die Aktivist*innen scharfen Angriffen seitens der prominenten Feministin Alice Schwarzer ausgesetzt. Diese kritisierte das aus ihrer Sicht unverschämte Benehmen,

hungerstreikenden Roma in Hamburg, 03.03.1989. Archiv des Rom e.V. Köln, Hänge-Register. Mit *Hafenstraße* sind die besetzten Häuser in der Hafenstraße im Hamburger Stadtteil St. Pauli gemeint, die zeitweilig zu einem zentralen Schauplatz der linksautonomen Szene wurden.

19 Oliver Neß: Roma-Familie verlässt Hafenstraße. In: *die tageszeitung*, 02.01.1989, S. 17.

20 Vgl. Rom & Cinti Union/Michel R. Lang: Presseerklärung, 24.02.1989. In: Rom & Cinti Union e.V./Landesverband der Rom und Cinti Union NRW e.V. (Hrsg.): *Bleiberecht. November 1988 – November 1990. Chronologie – Dokumentation – Berichte*. Hamburg: Selbstverlag 1990, S. 33. Unklar bleibt, warum Lang den Posten des Pressesprechers der RCU im weiteren Verlauf des Jahres 1989 abgab. Sein komplexes Verhältnis zu den jüdischen Gemeinden und dem ZR der Juden hat er an anderer Stelle dargelegt. (Vgl. Michel R. Lang: Fremd in einem fremden Land. In: Ders./Henryk M. Broder (Hrsg.): *Fremd im eigenen Land. Juden in der Bundesrepublik*. Frankfurt am Main: Fischer 1987, S. 265–268.)

21 Ich verwende hier ausschließlich die männliche Form, da aus den Quellen keine Informationen darüber hervorgehen, dass sich auch Frauen direkt an Hungerstreiks wie diesem beteiligten, auch wenn davon auszugehen ist, dass ohne ihre Reproduktionsarbeit die Proteste der Männer nicht durchzuführen gewesen wären.

22 Vgl. Rom & Cinti Union/Yaron Matras: Presseerklärung, 03.03.1989. In: Rom & Cinti Union e.V./Landesverband der Rom und Cinti Union NRW e.V. (Hrsg.): *Bleiberecht*, S. 34–35.

die Feierstunde derart zu stören.[23] Vermutlich erwartete sie, dass Jüdinnen*Juden ihr Dankbarkeit erweisen würden. Doch nicht alle waren über Schwarzers ‚Unterstützung' erfreut, so z. B. Michel R. Lang. Er schrieb den folgenden Leserbrief an die *StadtRevue – Kölns Stadtillustrierte*:

> *Was in Gottes Namen treibt, befähigt oder veranlasst Alice Schwarzer, die neunschwänzige Katze der Selbstgerechten über Kurt Holl [ein an der Aktion beteiligter ‚Unterstützer', J. D.] knallen zu lassen? Wer hat sie gebeten, sich als cordon sanitaire zwischen uns Juden und unsere Roma-Freunde zu stellen? Ich für meine Person lehne es energisch ab, von solchen dubiosen Eiferern in Schutz genommen zu werden. Die Aktion der Kölner Roma war nicht nur gerechtfertigt, sondern dringend notwendig, weil der 9. November eben nicht nur für die Juden, sondern genauso für die Roma den Beginn des Churban einläutete. Meine Mutter saß mit Roma-Frauen im KZ Ravensbrück, mein Vater mit Manouches im KZ Drancy, meine Großeltern mit Gypsies in England. Das Roma-Volk verlor über eine halbe Million Menschen während des Nazi-Grauens, wir Juden haben DIE HEILIGE PFLICHT, uns für die Roma einzusetzen, wann und wo auch immer, wir sind nicht so zimperlich, dass wir es nicht ertragen können, wenn andere Menschen uns daran erinnern, dass wir nicht immer so solidarisch handeln, wie es von uns zu erwarten wäre … Mit freundlichen Grüßen, Michel R. Lang, Mitgl. d. Jüd. Gemeinde.*[24]

Lang verwehrte sich gegen den ‚Schutz' durch Schwarzer und hob stattdessen Gemeinsamkeiten zwischen Rom*nja, Sint*ezze und Jüdinnen*Juden hervor – wie ihre ähnliche Verfolgungsgeschichte während der NS-Zeit. Vor diesem Hintergrund begrüßte er die Aktion in der Oper.[25]

Einen anderen Weg wählte Yaron Matras, der 1983 aus Israel nach Deutschland gekommen war und zuerst in Tübingen, dann in Hamburg Linguistik studierte. Seit seiner Ankunft in Deutschland war er in der Flüchtlings- und Antirassismusarbeit engagiert. Seine Arbeit für die RCU begann, als er sich im Herbst 1988 an den Bleiberechtskämpfen der Rom*nja beteiligte. Im Januar 1994 wurde er darüber hinaus Redaktionsmitglied der *RomNews* beim RNC.[26] In keinem seiner veröffentlichten Texte bezeichnete er sich selbst als jüdisch; er erwähnte lediglich, dass ihn diese Zuschreibung traf.[27] Abgesehen von der Tatsache, aus Israel eingewandert zu sein, enthüllte

23 Vgl. Zentralrat: „… Ein zutiefst beschämender Vorfall". In: *StadtRevue – Kölns Stadtillustrierte* 2 (1989), S. 45.

24 Michel R. Lang: „Cordon Sanitaire". In: Ebd., S. 1.

25 Gleichzeitig gab es aber auch Kritik aus jüdischen Kreisen an dieser Aktion und v. a. am Verhalten der daran beteiligten mehrheitsdeutschen Unterstützer*innen. So schrieb z. B. die Schriftstellerin Erica Fischer: „Mit Rufen wie ‚Aufhören, die Juden sind tot, aber die Roma leben' wurde 1989 im Kölner Schauspielhaus eine Gedenkveranstaltung zur Reichspogromnacht von deutschen UnterstützerInnen im Namen der um ihr Bleiberecht ringenden Roma gestört. Und ein Jahr darauf kam ein Roma-Unterstützer auf die famose Idee, die Kölner Synagoge besetzen zu wollen." (Erica Fischer: Zum ersten Mal öffentlich ‚Ich bin Jüdin' sagen. In: Jessica Jacoby / Claudia Schoppmann / Wendy Zena-Henry (Hrsg.): *Nach der Shoa geboren. Jüdische Frauen in Deutschland*. Berlin: Elefanten 1994, S. 135–147, hier S. 144.)

26 Vgl. ¿Standardisierung? – Interview mit Yaron Matras. In: *Jekh Čhib. Mit einer Zunge reden. Materialien zur Situation der Roma und der BRD* 3 (1994): Von der Randgruppe zum europäischen Volk. Die Renaissance des Romanes, S. 19.

27 Vgl. Yaron Matras: Die Roma-Bewegung im Interessenkonflikt mit ihren „Helfern". In: Rom & Cinti Union e. V. / Landesverband der Rom und Cinti Union NRW e. V. (Hrsg.): *Bleiberecht*, S. 253–258, hier S. 257.

er keine weiteren Informationen über seine eigene Biografie oder seinen Hintergrund, weshalb auch die von mir vorgenommene Zuordnung problematisch sein könnte. Seine Arbeit für die RCU und später den RNC war aber kontinuierlich und dauerte an, bis er Deutschland 1995 wieder verließ.[28] Auch später blieb er den Kämpfen der Sint*ezze und Rom*nja im deutschen Kontext solidarisch verbunden, was sich an seinen wissenschaftlichen Veröffentlichungen ablesen lässt.[29]

3. ALLIANZEN IM FEMINISTISCHEN KONTEXT

Seit 1990 organisierten „Immigrantinnen, Schwarze deutsche, jüdische und im Exil lebende Frauen" gemeinsame Konferenzen, um sich in Abwesenheit mehrheitsdeutscher Frauen* über ihre Unterschiede und Gemeinsamkeiten auszutauschen.[30] An den ersten drei dieser Tagungen waren Romnja* und Sintezze* nicht beteiligt. Erst im Oktober 1995 in Hamburg stießen einige feministisch aktive Romnja* des Rom e. V. Köln zum vierten Kongress hinzu.[31] Damit schlossen sie sich zu einem Zeitpunkt den feministischen Bündniskonferenzen an, als diese zunehmend akademischer wurden und ihren Selbstorganisations-Charakter verloren. Insofern war der Höhepunkt dieser Form der Bündnispolitik bereits überschritten.[32] Zwar wurden bei einem weiteren Kongress im Oktober 1996 in Bremen und Worpswede erstmals auch „Sinti- und Romafrauen" im Tagungstitel aufgeführt. Allerdings gibt der Titel nicht unbedingt über die tatsächliche Beteiligung dieser Gruppen Auskunft. So ist der Beitrag von Romnja* und Sintezze* ebenso wie Jüdinnen* aus der Dokumentation nicht erkennbar.[33]

Die Ursache für dieses ‚späte' Erscheinen auf der Bildfläche der Bündniskonferenzen liegt darin, dass die Kölner Romnja* um 1994 gerade erst begonnen hatten, ihre politischen Aktivitäten explizit in einen feministischen Kontext zu stellen. Fatima Hartmann, Mitbegründerin und langjährige Vorsitzende des Rom e. V., spielte eine wichtige Rolle hierbei. Inspiriert durch den Austausch mit Romnja* aus anderen europäischen Ländern[34], gaben sie und ihre Mitstreiterinnen* zwei ‚Frauenausgaben' der Zeitschrift *Jekh Čhib* heraus. Darüber kamen sie in Kontakt mit anderen feministischen Migrantinnen* in Köln. Im März 1996 schließlich organisierten die Kölner Aktivistinnen* einen bundesweiten Romafrauen-Kongress, im Zuge dessen der

28 Vgl. University of Manchester: Prof. Yaron Matras. In: *Manchester University Online*: https://www.research.manchester.ac.uk/portal/en/researchers/yaron-matras(c951a0f4-1162-414c-a7ee-5d5f9fd605b1).html (Zugriff am 11.10.2017).

29 Vgl. Yaron Matras: The Development of the Romani Civil Rights Movement in Germany 1945–1996. In: Susan Tebutt (Hrsg.): *Sinti and Roma. Gypsies in German-Speaking Society and Literature*: New York / Oxford: Berghahn 1998, S. 49–63.

30 Vgl. May Ayim / Nivedita Prasad (Hrsg.): *Wege zu Bündnissen. Dokumentation. Tagung von/für ethnische und afrodeutsche Minderheiten, Bremen, 08.–10.06.1990. Zweiter bundesweiter Kongress von und für Immigrantinnen, Schwarze deutsche, jüdische und im Exil lebende Frauen, Berlin, 03.–06.10.1991.* Berlin: AStA-Druckerei der Freien Universität Berlin 1992.

31 Vgl. Editorial. In: *Jekh Čhib* 5 (1995): Roma-Frauen in Bewegung. Bilder brechen auf. Politik – Alltag – Kunst, S. ii.

32 Vgl. Dean: Verzwickte Verbindungen, S. 119.

33 Vgl. Heinrich-Böll-Stiftung (Hrsg.): *Dokumentation. 4. bundesweiter Kongress von und für Schwarze Frauen, Migrantinnen, Sinti- und Romafrauen, Jüdinnen und im Exil lebende Frauen. 3.–6. Oktober 1996 in Bremen und Worpswede.* Bremen: Selbstverlag 1997.

34 So z. B. auf der europaweiten Tagung im spanischen Sevilla im Mai 1994. (Vgl. Editorial. In: *Jekh Čhib* 4 (1995): Das Vergangene ist nicht vergangen. Roma- und Sinti-Frauen. Verfolgung – Widerstand – Überlebensstrategien, S. ii.)

erste Frauenverband für „Roma- und Sintifrauen, Romnja und Sintezze" in der BRD gegründet wurde.[35]

Ganz zentral ist, dass die Aktivistinnen* bestehende feministische Diskurse nicht einfach kopierten, sondern eine eigene Version des Feminismus bzw. der Emanzipation entwickelten.[36] Hierbei waren ihre Kontakte zu der Schriftstellerin und Auschwitz-Überlebenden Ceija Stojka aus Wien sowie zu der Filmemacherin Melanie Spitta von großer Bedeutung. Beide hatten als Angehörige älterer Generationen eine gewisse Vorbildfunktion für die jüngeren Frauen*.[37] Im Rahmen eines Interviews erinnerte sich Stojka an das Verhältnis zwischen Romnja*, Sintezze* und Jüdinnen* in den nationalsozialistischen Konzentrationslagern:

> *Wir waren bereit zu jeder Kleinigkeit, wenn wir helfen konnten und umgekehrt auch. Also, die Jüdinnen, wenn sie ein Stück Brot gehabt haben, haben sie es uns gegeben.* [...] *So war es bei uns auch. Wir haben da drinnen zusammengehalten, egal welcher oder von wo er war oder wer er war.* [...] *man hat nie gefragt: „Bist du Jüdin, bist du das, was bist du?" Das hat es einfach nicht gegeben. Für uns war es ein Mensch.*[38]

Erinnerungen sind bekanntlich keine Tatsachenberichte, sondern konstruieren das Geschehene rückblickend in einer Weise, die für die Erzählenden einen Sinn ergeben. Stojka zeichnete hier ein Bild des Lebens im Lager, das von Zusammenhalt und Solidarität gekennzeichnet war. Auf Momente der Konkurrenz, von denen andere Überlebende berichtet haben, kam es ihr in der damaligen Erzählsituation nicht an. Sie wollte vielmehr die geteilte Lebensrealität und Lagererfahrung von Jüdinnen*, Romnja* und Sintezze* betonen, die wichtiger waren als die individuelle Zugehörigkeit zu einer dieser Communities.

FAZIT Es ist deutlich geworden, dass es zahlreiche Beispiele gibt, die von gegenseitiger oder einseitiger Solidarität und Unterstützung, kurzzeitigen Kooperationen oder längerfristigen Allianzen erzählen. Abschließend möchte ich auf die Frage zurückkommen, wie die jeweiligen Communities mit der ‚Konkurrenzsituation' umgingen. Diese ist nicht leicht zu beantworten, da zwischen Solidaritätsbekundungen und eher konkurrierenden Bezugnahmen aufeinander ein schmaler Grat verläuft. Sicherlich suchten Rom*nja und Sint*ezze in manchen Fällen auch deshalb nach Kooperationsmöglichkeiten mit Jüdinnen*Juden, weil sie die Hoffnung hatten, dadurch von der Aufmerksamkeit profitieren zu können, die diesen *als Kollektiv* zuteil wurde.[39] Freilich wurden ihre Ansprüche von

35 Vgl. Claudia Freytag: Roma- und Sintifrauen gründeten Verband. Auf einer Tagung Geschichte und Probleme besprochen – Sie sehen sich nicht mehr als Opfer. In: *Kölner Stadtanzeiger*, 25.03.1996. Archiv des Rom e. V. Köln, Hänge-Register.

36 Vgl. Wir waren eine lästige Gesellschaft – Interview von Karola Fings und Elli Jonuz mit Ceija Stojka. In: *Jekh Čhib* 5 (1995), S. 10.

37 Vgl. Zu diesem und dem nächsten Heft. In: *Jekh Čhib* 4 (1995), S. 8.

38 Ich atme es ein und aus – Interview von Karola Fings und Elli Jonuz mit Ceija Stojka. In: *Jekh Čhib* 4 (1995), S. 36.

39 Diese Aufmerksamkeit muss im Kontext des Nachkriegs-Philosemitismus gesehen werden, der im Diskurs über „historische Verantwortung" und „Wiedergutmachung" eine Entlastungsfunktion erfüllt(e). (Vgl. Frank Stern: *Im Anfang war Auschwitz. Antisemitismus und Philosemitismus im deutschen Nachkrieg*. Gerlingen: Bleicher 1991, S. 353.)

jüdischer Seite manchmal als Relativierung des eigenen Leidens oder als Angriff auf die Singularität der Shoah verstanden.

Vergleiche mit jüdischen Communities erfüllen für Sint*ezze und Rom*nja, wie sich in der Einleitung schon zeigte, eine ganz bestimmte Funktion. Dies wird z. B. in der folgenden Analyse des RNC deutlich, die sich auf den staatlichen Umgang mit den Gewalttaten und Pogromen in Rostock sowie in vielen anderen west- und ostdeutschen Städten zu Beginn der 1990er Jahre bezog:

> *Das politische Handeln richtet sich allerdings nicht primär gegen diese Gewalt und den Rassismus in Deutschland, sondern gegen die Opfer und gipfelt in der Schlussfolgerung vieler deutscher Politiker, die Roma wären die eigentlich Verantwortlichen für die Fremdenfeindlichkeit in Deutschland. So ist die Konsequenz dieser verqueren Logik – Die Roma müssen raus, damit die guten Bürger nicht mehr rassistisch auffallen müssen. Deutschland ist ein fremdenfreundliches Land, solange keine Fremden da sind – Hätte es keine Juden in Deutschland gegeben, hätte es auch kein Auschwitz gegeben.*[40]

In aller Deutlichkeit legte der RNC hier dar, wohin diese Logik, die auch unter dem Stichwort blaming the victim[41] bekannt ist, führen kann. Die Bezugnahme auf die Judenvernichtung in der NS-Zeit diente dazu, der Mehrheitsgesellschaft einen Spiegel vorzuhalten und vor Augen zu führen, dass sie mit zweierlei Maß misst: Die gleiche Argumentation, die in Bezug auf Juden*Jüdinnen und die Shoah als undenkbar galt, erschien jedoch logisch und selbstverständlich, als es um aktuelle Ausprägungen des Rassismus gegen Rom*nja ging.[42] Vergleiche mit Jüdinnen*Juden sind also nicht unbedingt Ausdruck einer ‚Opferkonkurrenz‘ oder Relativierung, sondern enthalten eine wichtige Analyse gesellschaftlicher Verhältnisse. Sie verweisen auf den unterschiedlichen Umgang des Staates mit diesen Communities und bilden die Grundlage für die Strategie, eine Gleichstellung einzufordern. Sie richten außerdem den Blick auf die fehlende Aufarbeitung der Shoah und des Porajmos sowie die Nichtwahrnehmung historischer Verbindungen.

---

40 Roma National Congress (Hrsg.): *Roma und Deutschland. Situation der Roma in Europa und Deutschland seit der Wiedervereinigung. Eine Dokumentation*. Hamburg: Selbstverlag 1993, S. 19.

41 Dieses psychologische Muster zur subjektiven Deutung gesellschaftlicher Ungleichheits- und Diskriminierungsverhältnisse wurde von der US-amerikanischen Sozialpsychologie untersucht und ist im Deutschen eher als *Täter-Opfer-Umkehr* bekannt.

42 Ähnliche Strategien zur Skandalisierung rassistischer Verhältnisse wurden auch in Communities aus der Türkei angewandt. (Vgl. Gökçe Yurdakul: Juden und Türken in Deutschland. Integration von Immigranten, Politische Repräsentation und Minderheitenrechte. In: Dies. / Y. Michal Bodemann (Hrsg.): *Staatsbürgerschaft, Migration und Minderheiten. Inklusion und Ausgrenzungsstrategien im Vergleich*. Wiesbaden: VS 2010, S. 127–159, hier S. 132.)

„AUSGANGSPUNKT IST NICHT DAS FESTLAND, SONDERN DIE REISE“

Mailkorrespondenz zu Identitätspolitiken und Emanzipation

VINCENT BABABOUTILABO (INITIATIVE SCHWARZE MENSCHEN IN DEUTSCHLAND) / HANNAH PEACEMAN (*JALTA*)

Offenbach, den 30.08.2017, 12:31 Uhr

Lieber Vincent,

wie am Telefon besprochen, schreibe ich ein paar meiner Beobachtungen über Identitätsfragen aus jüdischen Kontexten auf:

Innerhalb der jüdischen Gemeinschaft stellt sich immer wieder die Frage nach dem ‚Wir‘. Wer sind ‚wir‘? (Oder gibt es das überhaupt?)

Auffällig ist, dass ‚Wir‘ uns meist nicht einmal darauf verständigen können, was genau uns über unser Judentum überhaupt verbindet. ‚Wir‘ sind a-religiös bis orthodox, unsere Rolle als Jüd*innen bestimmt unsere Identität, oder aber, eigentlich ist unser Jüdischsein nur ein ganz kleiner Teil unserer vielfältigen Identitätsmerkmale. Spreche ich mit einem jüdischen Rassisten, so fühle ich mal gar keine Gemeinsamkeit. Auch mit manchen BWLern gibt es für mich wenig zu besprechen. Trotz dieser Abgrenzungen stellt sich die Frage nach dem ‚Wir‘ immer wieder. Dem zugrunde liegt vermutlich der Wunsch nach Vergemeinschaftung, die der Veranderung durch das ‚Außen‘ entgegensteht und zugleich von einer Vereindeutigung nach ‚innen‘ abhängt.

Um dazu zu gehören, nehmen viele Jüd*innen Dinge in Kauf, die sie sonst nie akzeptieren würden. Z. B. werden in jüdischen Kontexten feministische Ansprüche oft zurückgestellt, nur um den kleinsten gemeinsamen Nenner eines jüdischen Zusammengehörigkeitsgefühls zu erhalten.

In der Zeitschrift *Jalta* versammeln sich „Positionen zur jüdischen Gegenwart“. Das Herausgeberinnenkollektiv hat *Jalta* als Diskursmagazin gegründet, in dem der Diversität der jüdischen Gemeinschaft Rechnung getragen werden soll. Das heißt: ‚Wir‘ müssen uns Widersprüchen innerhalb der jüdischen Gemeinschaft stellen, unsere eigenen Positionen gesellschaftlich verorten, Rassismus, Sexismus, Klassismus widersprechen. Und spätestens, wenn wir diesen Anspruch haben, wird klar, dass unsere Frage nicht lauten kann: Wer sind wir?, sondern vielmehr lauten muss: Wer wollen wir sein?, In welcher Welt wollen wir leben?, Wie können wir die gesellschaftlichen Verhältnisse verbessern? Das sind politische Fragen, die weit über eine Identitätssuche hinausgehen. Es sind keine Fragen, die wir uns als Jüd*innen alleine stellen können, sondern solche, auf die wir nur gemeinsam mit Verbündeten Antworten finden können und um die wir gemeinsam kämpfen müssen.

Dabei frage ich mich: Warum fällt es ‚uns‘ so schwer, diese Fragen zu stellen? Mit ‚uns‘ meine ich nicht nur Jüd*innen, sondern jene, die um eine Gesellschaft kämpfen, in der alle Menschen „ohne Angst verschieden sein können“ wie Adorno schreibt. Verdecken vielleicht die Identitätssuchen die politischen und ökonomischen Verhältnisse, die Allianzen verhindern? Und, werfen uns die Identitätsfragen nicht auch zurück, weil sie Abgrenzungen ziehen oder verschärfen, die wir politisch nicht wollen und die Allianzen verhindern?

Jalta ist eine sehr junge Zeitschrift. Innerhalb der jüdischen Gemeinschaft gibt es kaum politische Organisierungen. Diskussionen mit streitbaren Positionen sind überhaupt erst in den letzten Jahren durch die Einwanderung vieler Juden und Jüdinnen aus der ehemaligen Sowjetunion möglich geworden. Große jüdische Organisationen in Deutschland vertreten oft (noch) die Auffassung, dass Jüdinnen ihre Meinungsverschiedenheiten hinter verschlossenen Türen austragen und nach außen eine Einheit repräsentieren sollen. *Jalta* eröffnet dagegen ein Forum für diese Auseinandersetzungen nicht nur von und für Jüd*innen, sondern zur jüdischen Gegenwart. Das sind z. B. die eben angesprochenen politischen Fragen.

Soweit, ich bin gespannt auf deine Gedanken und Perspektiven!

Viele Grüße
Hannah

Berlin, den 11.09.2017, 17:12 Uhr

Hallo Hannah,

auch in der Schwarzen Community um die ISD[1] wird häufig die Frage nach einem ‚Wir' gestellt. Was genau dieses ‚Wir' bedeutet, wird von vielen immer wieder unterschiedlich definiert, denn auch im Fall der Schwarzen Community handelt es sich um einen sehr vielfältigen Haufen voller Widersprüche, Konflikte, Gemeinsamkeiten, Positionen und Kämpfe in der Gesellschaft. Schwarz-Sein ist ein sehr kleiner gemeinsamer Nenner und immer wieder stellt sich die Frage: „Worauf haben wir uns da eigentlich genau geeinigt?"

Antworten gibt es viele. Fest steht für mich vor allem eines: Schwarz-Sein bedeutet Antirassismus! Doch welche Implikationen hat dies? In meiner Arbeit als Antira-Referent stelle ich immer wieder fest, wie häufig Rassismus als Einstellungsproblem verstanden wird, welchem man mit Empowerment auf der einen und Sensibilisierung auf der anderen Seite begegnen muss. Selbstverbesserung, Achtsamkeit, Awareness. Alles nicht unbedingt schlechte Eigenschaften, nur bin ich der Überzeugung, dass der Versuch, ein guter und/oder empowerter Mensch zu sein, der vieles richtig macht, nicht die endgültige Antwort ist.

Machen wir uns nichts vor, es gibt in Europa sowohl Gesetze, Institutionen etc., die menschenverachtend bleiben – auch wenn wir es alle gut meinen –, als auch sehr handfeste rassistische, politische Bewegungen. Mit Anhänger*innen, in transnationalen Bündnissen und vor allem einem: Aufwind. Es ist also dann problematisch, wenn sich antirassistische Aktionen, Ziele usw. nur auf der Ebene des individuellen Handelns befinden. Das Terrain der Politik muss wieder stärker in den Fokus rücken, denn hier sehe ich auch das größte Potenzial für breite Bündnisse zwischen minorisierten Menschen.

Ja, das Stellen der Frage ‚Wer wollen wir sein?' fällt ‚uns' schwer. Wichtig ist hierbei, denke ich, dass wir uns gegen eine neoliberale Vereinzelung wenden, die einen Rückzug in kleinteilige Identitäten und Aktivismus nach innen zulässt, aber ein gemeinschaftliches Bewusstsein bezüglich gesamtgesellschaftlicher Veränderung verhindert. Ich denke also, dass Identitätssuchen zumindest das Potential bergen, politische und ökonomische Missstände zu verdecken sowie Allianzen zu verhindern, da der Rückzug in Identitäten dem Rückzug ins Private der Biedermeier Zeit ähneln kann.

---

1 Die Initiative Schwarze Menschen in Deutschland ist ein Zusammenschluss Schwarzer Menschen in Deutschland, welcher sich seit über 30 Jahren für die Rechte und Interessen Schwarzer Menschen einsetzt. Mehr Informationen gibt es unter http://www.isdonline.de (Zugriff am 22.01.2018).

Wir sollten uns also gegen einen Biedermeier-Antirassismus wenden und uns als ein Vieles auf das Terrain der Politik begeben. :-)

Viele Grüße
Vincent

Berlin, den 19.09.2017, 15:46 Uhr

Liebe Hannah,

endlich komme ich mal wieder zum Antworten.

Was heißt *Emanzipation*? Emanzipation aus den gesellschaftlichen Verhältnissen heraus/in sie hinein?

Wovon emanzipieren wir uns oder sind wir nach einem erfolgreichen Kampf gegen rassistische/antisemitische Unterdrückungsverhältnisse noch Schwarz/jüdisch?

Das ist in Bezug auf Schwarz-Sein eine wirklich schwierige Frage, denn die Antwort hat starke Auswirkungen auf das grundlegende Verständnis von Schwarz-Sein. Geht man davon aus, dass die Kategorie Schwarz mit einer erfolgreichen Überwindung rassistischer Unterdrückung aufhört zu existieren, dann ist sie eine politische Kategorie, die nur im Kampf gegen weiße Vorherrschaft existiert. Einige Menschen aus der Schwarzen Community, so denke ich, würden da allerdings widersprechen, da Schwarz teilweise auch als kulturelle und/oder ethnische Kategorie verwendet wird.

Ich kämpfe für eine Veränderung gesellschaftlicher Verhältnisse, eine Emanzipation aus ihnen heraus hin zu mehr Freiheit, Gleichheit und Rechte für alle Menschen. Die Demokratie der Einen sollte zur gerechten Gesellschaft für alle werden, mit Vielfalt und Zirkulation. Eine Gesellschaft, in der wir, wie du schreibst, „alle ohne Angst verschieden“ sein können.

Das bedeutet für mich allerdings auch, spezifischen Widerstand zu leisten. Wie viele Formen der Unterdrückung beinhaltet auch Rassismus, insbesondere ein Prozess der Rassifizierung, den Wunsch nach Eindeutigkeit, Einfachheit, klaren Zugehörigkeiten und Transparenz. Er ist eine Abwehr der Komplexität und Vielfalt unserer Gesellschaft. Wir sollten u. a. deswegen Widerstand leisten gegen den Zwang und die Qual einem Volk, einer Ethnie, einer Nation und/oder eben einer Identität anzugehören.

In Bezug auf einen antirassistischen Kampf sollten wir insbesondere die nationalstaatliche Logik von Territorialität durchbrechen. Eine Territorialität, die immer wieder ein Innen und ein Außen, ein Wir und ein Nicht-Wir, Aus- und Inländer, Schwarz und Weiß schafft und damit eine Hierarchisierung (scheinbar) eindeutiger Zugehörigkeiten.

Das alles spricht *gegen* klare Identitäten. Wenn, dann sollten sie nicht an einen geographischen Ort, Ethnie, Klasse oder Biologie gebunden sein, ohne feste Form reisen und die Fähigkeit besitzen, sich neu zusammenzusetzen und selbst abzuschaffen. Schwarz-Sein sollte sich in der freien, gerechten Gesellschaft also auflösen können.

Hier habe ich eine Frage an dich, Hannah. Das freiwillige und unfreiwillige Überschreiten von geographischen Räumen ist auch Teil der jüdischen Geschichte, zumindest aus meiner sehr beschränkten Sicht. Wie verhält es sich mit dem Jüdischsein und Emanzipation?

Liebe Grüße,
Vincent

Offenbach, den 19.09.2017, 15:46 Uhr

Lieber Vincent,

jetzt haben wir quasi gleichzeitig geschrieben. Ich gehe noch auf deine vorherige Mail ein.

Ich teile deinen Aufruf, den Biedermeier-Antirassismus hinter uns zu lassen. Das heißt nicht, dass die Identitätspolitiken der letzten Jahrzehnte, die Empowerment-Ansätze, die sogenannte rassismus- und antisemitismuskritische Bildungsarbeit schlecht oder umsonst gewesen wären. Sondern, wie du sagst, sie greifen nur die individuellen Einstellungen der Menschen auf. Bildungsarbeit müsste bspw. parteinehmend sein: d. h. anti-rassistisch und anti-antisemitisch. Doch das scheint oft too much für die gegenwärtige liberale Demokratie. Soviel Identitätspolitiken und die Bildungsarbeit die Demokratisierung vorangebracht haben, soviel haben sie das auch immer im Einklang mit den gesellschaftlichen Verhältnissen getan. Die zentralen Widersprüche, Fragen der Verteilung, die systematische Verarmung eines Teils der Bevölkerung und damit ihr Ausschluss aus gesellschaftlichen Prozessen wie Demokratisierung und Teilhabe – das sind gerade nicht die Themen, die diskutiert werden.

Eine Organisierung, die sich dem entgegenstellt und gesellschaftliche Alternativen denkbar macht. Ist die in Sicht?

In der kommenden Woche findet die Bundestagswahl statt. Vermutlich wird die AfD mit nicht geringen Prozentzahlen in den Bundestag ziehen – eine Partei, die nicht einfach erzkonservativ ist, sondern offen faschistische Züge trägt. Der Schulterschluss der AfD mit der neonazistischen Szene hat in den vergangenen Monaten verstärkt in der Öffentlichkeit stattgefunden. Wo blieb der Aufschrei?!

Ein Einzug der AfD hat ganz praktische Konsequenzen, das hat die Präsenz der AfD in den Landtagen schon gezeigt. Durch Anfragen werden Demokratiebildungsprojekte angezweifelt. Existenz und Notwendigkeit von Organisationen zur Beratung für Opfer von rechter Gewalt werden fundamental in Frage gestellt. Darüber hinaus: Was passiert mit dem politischen Klima, wenn aus den Parlamenten heraus der Nationalsozialismus relativiert wird, der alt-neue Nationalismus propagiert wird?

Wie können wir gemeinsam zu präzisen Analysen kommen, die das, was hier gerade passiert, erklären können? Wie können wir gemeinsam Wege finden, uns wirksam (und nicht abstrakt oder individuell) der Politik und dieser gesellschaftlichen Neuordnung entgegenzustellen?

Unter aufgeklärt-kritischen Juden und Jüdinnen herrscht, wie im Rest der deutschen Bevölkerung, Ratlosigkeit. Wie wir immer wieder zur Kenntnis nehmen, schützt auch diese Identität manche nicht davor, als Juden und Jüdinnen mit der AfD und der Neuen Rechten zu sympathisieren. Identität ist nicht der entscheidende Marker, sich entschieden gegen faschistisches Gedankengut und für eine wahrlich demokratische Gesellschaft einzusetzen ...

Können wir aus unseren Erfahrungen etwas mitnehmen, das wir für antirassistische, anti-antisemitische, anti-faschistische Politik wirksam machen können?

Viele Grüße
Hannah

Offenbach, den 05.10.2017, 10:33 Uhr

Lieber Vincent,

nun antworte ich endlich mal auf deine letzte Mail. Das Leben als Jüdin in der ‚Diaspora' ist Normalität. Aber eigentlich lebe ich in Deutschland und habe nur unter anderem einen deutschen Pass. Übrigens haben viele meiner jüdischen Freund*innen mehrere Pässe, so wie auch fast alle eine Migrationsgeschichte haben. Die meisten zieht es in große Städte wie Berlin, London, Tel Aviv oder New York; viele, weil sich in großen Städten oft Menschen mit den unterschiedlichsten Zugehörigkeiten treffen und das zumindest das Gefühl, ‚anders' zu sein, verringert (wobei damit nicht notwendig einhergeht, dass hier weniger ausgeprägte Machtverhältnisse bestehen). Mehrsprachigkeit ist auch ein Merkmal meiner jüdischen Generation und hängt damit zusammen, dass die wenigsten keine Migrationsgeschichten in ihren Familien haben. Doch macht das eine

‚Diaspora'-Identität aus? Diaspora bezieht sich auf Israel als Heimstätte. Diese Bedeutung hat Israel für mich nicht (für viele andere dagegen schon – zumindest auf einer hypothetischen Ebene). Lebe ich also in der Diaspora?

Abstrahiert man den Begriff *Diaspora* von dem Kontext mit Israel als Heimstätte, könnte ich versuchen, darin ein Potential für die Denkbarkeit einer anderen Gesellschaft zu entdecken. Mir reichen Begriffe wie *Vielfältigkeit*, *Fluidität* nicht aus. Sie formulieren zwar eine Kritik an Einheitsgedanken, Leitkultur und Zwang, verfallen aber schnell in einen Relativismus.

Was wir aus der Position der Diaspora – und damit meine ich einem politischen Standpunkt, der durch Widersprüche bestimmt ist – lernen können, ist eine Sensibilität für den Zwang der Gesellschaft, wie du es nennst. Ich, du, wir spüren Widersprüche, die andere auf den ersten Blick nicht sehen, aber sehen lernen können. Wir sehen und können damit auf gesellschaftliche Ungleichheiten hinweisen und gewissermaßen darauf vertrauen, dass es weitere Unterdrückungen gibt. Das ist aber leider nur der erste Schritt, der die Verbesserung der Gesellschaft nicht garantiert. Ausschlaggebend ist am Ende für die Erkenntnis und die Analyse der gesellschaftlichen Verhältnisse, die daraus folgen sollte, nicht die Identität, sondern die politische Haltung.

Welche Gedanken hast du zu dieser Mail und auch meiner vorherigen? Wie erlebst du die Zeit nach der Bundestagswahl?

Viele Grüße
Hannah

Leipzig, den 13.10.2017, 18:58 Uhr

Liebe Hannah,

vielen Dank für deine inspirierende Mail zur Diaspora. Vorerst werde ich mich jedoch deiner ersten Mail widmen und auf die Fassungs- und Ratlosigkeit bezüglich des starken Wahlergebnisses der AfD eingehen. Ich bin ehrlich gesagt momentan politisch sehr niedergeschlagen. Nicht nur der Erfolg einer Partei die, wie Du so treffend geschrieben hast, im „Schulterschluss mit der neonazistischen Szene offen faschistische Züge" zeigt, sondern auch die Reaktionen der national sozialen Fraktionen, u. a. der LINKEN, waren bedrückend. Wie kann es sein, dass bereits 1907 Menschen wie Karl Liebknecht „Fort mit dem Damoklesschwert der Ausweisung!" skandierten und heute beispielsweise Spitzenkandidat*innen der Partei DIE LINKE sich zu nationalem Schwachsinn hinreißen lassen und von „Fremdarbeitern" als Problem sprechen, Schnittmengen mit der AfD sehen sowie Blutszugehörigkeit ins Zentrum ihrer sozialen Überlegungen rücken.

Gut, das ist wirklich nichts Neues, aber insbesondere nach dieser Wahl ein Schlag in den Magen für viele Menschen, die eine emanzipatorische Politik vertreten, welche nationalstaatliche Grenzen und all die dazugehörigen Herrschafts-, Ausgrenzungs- und Unterdrückungsmechanismen infrage stellen. Zu diesen, um die Frage nach meinen politischen Vorstellungen anzureißen, zähle ich mich auch. Ich bin sehr froh darüber, dass sich Aktivist*innen aus verschiedenen Bereichen diesen Tendenzen bereits entschieden entgegenstellen.

Gleichzeitig spüre ich momentan jedoch auch eine große pessimistisch-schöpferische politische Energie.

All das soeben Beschriebene weist für mich darauf hin, dass es Zeit ist, dass sich die emanzipatorischen Akteur*innen, welche für die Verteidigung und Stärkung einer Gesellschaft der Vielen stehen, zusammenzuschließen, denn eine politische Bewegung, die gesellschaftliche Alternativen denkbar macht, ist zwar noch nicht in Sicht, wird aber dann in Erscheinung treten, wenn wir jeglicher national sozialen Politik endgültig eine Absage erteilen. Die Perspektive der Migration könnte hier als Ausgangspunkt dienen. Denn es ist die Migration, die wie ein Geist in der Welt umhergeht, vor welchem alle Vertreter*innen der alten Welt panische Angst haben. Sie versuchen, ihn zu kontrollieren und dagegen anzukämpfen, doch er lässt sich einfach nicht aufhalten. Die Migration stellt momentan alle nationalstaatlichen Maximen wie Staatsbürgerschaft, Grenzen und Volk in Frage.

Ich habe die Hoffnung, das beschrieb ich in ähnlicher Form ja bereits vor einigen Tagen, dass wir uns mit ihr als Ausgangspunkt den Populist*innen der Rechten auf dem Terrain der Politik erfolgreich entgegenstellen können (und, dass die Leute meine Nummer haben, damit ich mitmachen kann :-)). Dies beinhaltet jedoch auch einen anti-rassistischen sowie anti-antisemitischen Grundkonsens dieser mit Sicherheit sehr heterogenen Bewegung, womit ich zum nächsten Thema komme, der Diaspora.

Leipzig, den 16.10.2017, 10:46 Uhr

Nun einige Gedanken zu der Verwendung des Begriffs *Diaspora*:

In der Praxis stoße ich teilweise auf eine Art und Weise, Diaspora zu denken, die mir nicht gefällt. Der stetige folkloristische, anzestrale Bezug zu einem ‚Mutterland‘, in diesem Fall zum Kontinent Afrika, nervt mich schlicht von Zeit zu Zeit. Ich sehe hier Schwarz-Sein bezogen auf ein Territorium, bezogen auf feste Erde, auf Festland, wo wir, wie Paul Gilroy so schön sagt, den speziellen Boden finden, in welchem nationale Kultur angeblich ganz natürlich ihre Wurzeln schlägt. Mich zieht es daher eher zum *Black Atlantic* – dem Leben auf dem Meer, welches durch flüssige Form Bewegung, Veränderung, Widersprüche und Widerstände beinhaltet. Zur Erklärung:

Kulturen in der Schwarzen Diaspora sind häufig uneindeutig und herausfordernd, denn sie sind vermischt, vielfältig, widersprüchlich und widerständig. Letzteres insbesondere, da sie essenzialisierende, dominante Erzählungen von reinen ethnischen und/oder nationalen Identitäten und Kulturen in Frage stellen. Gerade dadurch haben sie das Potential, Machtungleichgewichte zu verschieben, und machen für mich tatsächlich teilweise die, wie Du schreibst, Denkbarkeit einer tatsächlich freien Gesellschaft möglich. Eben dies kann jedoch die Denkweise von ‚Diaspora' nicht leisten, welche zu oft nationale Verhältnisse, also feste Räume (Afrika) und ein homogenes Innen, suggeriert.

Ich möchte an dieser Stelle ehrlich sein. Selbstverständlich kenne ich dieses Bedürfnis sehr gut. Ich fand mich schon recht früh in alten afroamerikanischen Spirituals wieder, in denen Afrika häufig diesen religiösmythischen Charakter einer Heimat bekommt, die Heil, Ruhe, Frieden und ein besseres Leben verspricht. Wer wünscht sich das nicht? Doch bspw. meine eigene Familiengeschichte deutet neben dem Kongo auch noch unmittelbar auf Algerien, Russland, Polen, Deutschland und Frankreich hin. Mehrsprachigkeit, mehrere Pässe, Verbindungen zu zahlreichen Orten etc. sind also auch für viele Schwarze Menschen in Deutschland Normalität. Etwas abstrakt gesprochen: Ausgangspunkt ist nicht das Festland, sondern die Reise.

Nun gut, Zirkulation, Migration, Diversity, der von mir leicht pathetisch verwendete Begriff *Reise* könnte genauso gut auch der glückliche Traum einer realen Wirtschaftsordnung sein, welche die von Dir erwähnten zentralen Widersprüche gemütlich ausblendet, reproduziert und verschärft. Darüber hinaus werden von ihr häufig rassismuskritische Diskurse vereinnahmt, um daraus Kapital zu schlagen. Stichwort: *Diversity Management*.

In Bezug auf emanzipatorische, antirassistische Kämpfe bedeutet das für mich, dass wir neben dem Biedermeier nun auch noch den Silicon-Valley-Antirassismus hinter uns lassen sollten, denn oh, wie hast Du recht: Identität ist nicht der entscheidende Marker für Antifaschismus und Emanzipation.

Dennoch können wir die Erfahrungen der Diaspora, Vielfach-Zugehörigkeiten etc. nutzen, um mit ihnen als Grundlage emanzipatorische Politik zu machen. In meiner letzten Mail habe ich ja schon angedeutet, dass ich hier das Potenzial für eine zukunftsfähige progressive Bewegung sehe, die wir momentan so bitter nötig haben.

Es ist schön, dass wir nicht auf nichts aufbauen. Wir können auf viele Jahrhunderte anti-antisemitischen und anti-rassistischen Aktivismus zurückgreifen. Bspw. auf die in diesem Kontext entstandenen Ansätze der Bildungsarbeit.

Offenbach/Leipzig, den 05.12.2017, 10 Uhr, Telefonprotokoll

Warum fällt es Menschen so schwer, sich ein für alle Mal anti-rassistisch und anti-antisemitisch zu positionieren? Warum herrscht so viel Sprachlosigkeit, Unfähigkeit, Nazis als Nazis zu benennen sowie die AfD als eine Partei mit faschistischen Tendenzen? Warum erscheint so vielen der Liberalismus als Lösung, obwohl sich immer wieder zeigt, wie sehr er als Basis für ein gutes Zusammenleben für alle Menschen scheitert?

Viele Fragen, viel zu besprechen – vielleicht ist das eine gute Basis für emanzipatorische Politik?

Als ‚Schlusswort' wollen wir noch wenige Worte verlieren: Unser Mailwechsel liest sich auf den ersten Blick ganz harmonisch, in der Kritik sind wir uns auch einigermaßen einig. Wir versuchen, uns gemeinsam den Strukturen anzunähern, die ‚unsere' Allianzen verhindern oder zumindest erschweren und setzen uns damit in die Widersprüche innerhalb und außerhalb ‚unserer' ‚Communities' hinein: Wir diagnostizieren an vielen Stellen ähnliche gesellschaftliche Machtverhältnisse. Wir haben begonnen zu dekonstruieren, wie Gemeinschaftsgefühl, das sich fast ausschließlich auf Identität stützt, politische Allianzen verhindert. Wir machen auf einen blinden Fleck von politischem Aktivismus aufmerksam, der sich darauf konzentriert, die Fragen der eigenen Identität in das Zentrum der Debatte zu stellen, statt sich damit auseinandersetzen, wie Widerstand gegen die derzeitigen politischen Verhältnisse und Solidarität mit den Entrechteten aussehen könnten. Hier muss in unseren Augen die gemeinsame Debatte weitergehen.

VINCENT UND HANNAH

3 — ג

JUDEN* UND...

„I'M A JEW, FUCK YOU!"[1]

Jüdische Identität, der Holocaust und die geheimen Wurzeln des Punks

PETER WALDMANN

> *Ich konnte die Love- und Peace-Scheiße auf den Tod nicht ausstehen.*
> (Maureen Tucker: *Legs McNeil, Gillian McCain*)

In der Geisteswissenschaft kann ein bloße zufällige Entdeckung zu einem überraschenden Glücksfall werden und zur Selbsterkenntnis in der Gegenwart führen; schon Walter Benjamin[2] besaß die Hoffnung, dass es solche, fast kurios wirkenden und am Rande der offiziellen Wissenschaft stehenden Entdeckungen sind, die es überhaupt ermöglichen, Phänomene der Jetztzeit in einem ganz neuen, kritischen Licht erblicken und bewerten zu können. So kann die kleine Gruppe der jüdischen Punks aus Amerika für das Selbstverständnis der Juden* in Deutschland nach 1945 außerordentlich wichtig werden, da ihr provokativer Umgang mit den Nazisymbolen auf die Problematik einer ideologischen Arbeit[3] aufmerksam macht, die Juden* innerhalb der Erinnerungskultur am Holocaust leisten müssen. Juden* werden auf ihre Rolle als verfolgte Opfer festgelegt, mit deren Hilfe sich die Nachkriegsgesellschaft als demokratisch und liberal ausweisen will. Ihnen wird es durch diese Rollenfestlegung erschwert, sich jenseits von substantialistischen Konzeptionen neu zu finden. Gegen diese Opferfalle werden die jüdischen Punks mit der Verwendung von Nazisymbolen vehement opponieren.

Die eigentümlich und unwahrscheinlich klingende Verbindung zwischen dem Punk, wie er sich in New York seit dem Ende der sechziger Jahre entwickelte, und dem „Judentum" geht auf eine Veröffentlichung von Steven Lee Beeber zurück[4]. Beeber stellt folgenden, bisher noch nicht angemessen wahrgenommenen Befund vor: Die

1 Die Überschrift ist aus The Long Decline: I'm a Jew (*Selftitled*, 1997, Overground Records).

2 Siehe Susan Buck-Morss: *Dialektik des Sehens. Walter Benjamin und Passagen-Werk*, aus d. Engl. v. Joachim Schulte. Frankfurt am Main: Suhrkamp 1993, S. 264.

3 Der Begriff der ideologischen Arbeit stammt von Y. Michal Bodemann, der damit die Rolle von Minoritäten zur Bestätigung der Mehrheitsgesellschaft und ihrer Werte meint (ders.: *In den Wogen der Erinnerung. Jüdische Existenz in Deutschland*. München: dtv 2002, S. 171–172).

4 Steven L. Beeber: *Die Heebie-Jeebies im CBGB's. Die jüdischen Wurzeln des Punk* [amerik. 2006], aus d. Amerik. v. Doris Akrap. Mainz: Ventil 2008.

Musiker*innen wie auch das Umfeld aus Journalist*innen, Manager*innen und Publikum der so einflussreichen, subkulturellen Bewegung des Punks setzten sich zu nicht unerheblichen Teilen aus Juden* zusammen.

Die von Beeber so bezeichnete geheime Geschichte des jüdischen Punks kann man mit Tuli Kupferberg und seinen Fugs beginnen lassen, die in ihrem Song *Nothing*[5] in jiddischer Sprache den ganzen Nihilismus der No Future-Attitüde der späteren Punks vorwegnehmen. Von dort aus lässt sich diese historische Linie weiterverfolgen zu Lou Reed, mit bürgerlichem Namen Rabinowitz, und seiner Gruppe Velvet Underground, die zu Beginn ihrer Karriere von Andy Warhol betreut wurden, der für sie und ihr erstes Album das berühmte Bananen-Cover gestaltet hat. Bei ihren Auftritten, so berichtet Richard Witt, rief Nico, die aus Deutschland stammende Sängerin von Velvet Underground, gerne die rhetorische Frage ins Publikum: „Are there any Jews in the audience?" Die Gruppe Velvet Underground, die, wie das Zitat zeigt, in New York vor einem von Juden* dominierten Publikum spielte und ihr Lebensgefühl zum Ausdruck brachte, bildete gleichermaßen eine Inspirationsquelle, die jüdische Künstler*innen des Punks wie Suicide als Urgestein des Techno, Lenny Kaye (Gitarrist der Patti Smith Group), Jonathan Richman und die Modern Lovers, Richard Hell, die Dictators, Blondie und schließlich die berühmten Ramones zum Leben erweckte. Diese jüdischen Künstler*innen mit ihrer Musik, ihren Texten und ihrem Stil bildeten eine Blaupause, die ein anderer Jude, Malcolm McLaren, in Paris geschult von der Avantgarde-Bewegung des Situationismus, zu nutzen wusste, um mit seinen Sex Pistols zuerst England im Sturm zu erobern. Von dort aus wurde Europa mit dem Virus der Rebellion und der Anarchie angesteckt, der bis heute die Kulturindustrie zu untergraben versucht. Der kommerzielle Erfolg des englischen Punks verwischte jedoch leider seine Herkunft und damit auch die so wichtigen jüdischen Ursprünge dieser Bewegung.

Dieser gleichermaßen eindrucksvolle und überraschende Befund eröffnet nun einen breiten Fragehorizont: Zuallererst müsste geklärt werden, ob die jüdische Herkunft einen wichtigen Einfluss auf die ästhetische Produktion dieser Künstler*innen des amerikanischen Punks gehabt hat. Andernfalls wäre er bloß nebensächlich und man müsste sich mit allem Recht fragen lassen, warum das Insistieren auf die ethnische Herkunft für das Thema so wichtig und notwendig sein soll. Der Frage nach der Bedeutung für das künstlerische Schaffen schließt sich die noch grundsätzlichere Frage an, was man überhaupt unter einer *jüdischen Identität* zu verstehen hat. Denn viele der von Beeber aufgelisteten Künstler*innen haben sich selbst nie als Juden* verstanden. Als Beispiel kann hier Richard Hell, alias Meyers, dienen, der in einer vom Kommunismus geprägten Einwandererfamilie aufgewachsen ist und dessen Verwendung von Sicherheitsnadeln an seiner zerlumpten Kleidung für Malcolm McLaren zum modischen Vorbild für seine Sex Pistols wurde. Beeber schreibt über seine Ablehnung, Teil eines Buchs mit jüdischem Thema zu werden:

> *Bedauerlicherweise lehnte Richard es ab, sich für dieses Buch interviewen zu lassen oder für Informationen zur Verfügung zu stehen. Er begründet es damit, sich nie über seine jüdische Herkunft „definiert" zu haben. [...] Richard blieb bei seiner Ablehnung und erklärte wortgewandt: „Ich lasse mich von*

5 The Fugs: Nothing (*First Album*, 1994, Fantasy Records).

> *keiner Gruppe für ihre Zwecke einspannen. Ich mag das nicht und ich möchte kein Teil davon sein.“*[6]

Diese schroffe Ablehnung ist nur konsequent. Seine bekannteste Punkhymne *Blank Generation*[7] darf nicht als eine politische Parole des Nihilismus verstanden werden.[8] Die Metapher einer „leeren“ Generation zielt auf das Recht, die eigene Identität, jenseits aller Zuschreibungen, souverän mit selbst gewählten Eigenschaften füllen zu dürfen. Wenn nun Richard Hell, gegen seinen ausdrücklichen Willen, als Jude identifiziert wird, kann diese Vorgehensweise als ein Rückfall in einen, wenn auch mit positiven Vorzeichen versehenden Rassismus verstanden werden. Einen Hintergrund zum Verständnis für Hells Ablehnung könnte Hannah Arendts Kritik an einem *dejudaisierten* Judentum[9] bereitstellen. Das *dejudaisierte* Judentum sei eine tragisch zu nennende Folge aus den Bemühungen um Assimilation während des Zeitalters der Emanzipation und der Aufklärung. Das Judentum als geistiges, religiöses und kulturelles Phänomen beginne aufgrund der Forderung nach Gleichheit immer stärker zu erodieren. Juden seien von nun an ununterscheidbar gewesen. Was jedoch als einziges, nicht wegzuwischendes Merkmal der Differenz geblieben sei, ist die ethnische Herkunft, die die Ideologen des Rassismus mit schrecklichen Folgen aufgegriffen hätten. Aus dieser Festschreibung des Jüdischseins gäbe es kein noch so kleines Schlupfloch mehr:

> *[A]ber aus dem Judenhaß des Mittelalters, selbst in seinen verblendetsten Formen, hatte es immer den Ausweg der Taufe gegeben, und das heißt, daß der Jude niemals – auch der verbrannte oder totgeschlagene Jude nicht – aufhörte, ein Mensch zu sein. Erst als man mit angenehmen Gruseln entdeckte, wie interessant das ‚Laster' des Jüdischseins war, wurde Judesein zu einer natürlichen Fatalität.*[10]

Gegen diese Zuschreibung als „natürliche Fatalität“ setzt sich Richard Hell mit seinem Konzept der *blank generation* zur Wehr, das jenes gefährdete Recht auf Selbstbestimmung einfordert. Beeber steht somit, stellvertretend für viele Autoren, die sich wissenschaftlich mit jüdischer Identität beschäftigen, vor einem stets wiederkehrendem Dilemma: viele seiner Protagonist*innen sind – wenn überhaupt – nur lose mit den religiösen und kulturellen Ursprüngen des Judentums verbunden. Die Folge ist, dass in seiner Untersuchung ein entjudaisiertes Judentum als Identitätszuschreibung übrigzubleiben droht, das diese Musiker ethnisch markiert.

Nun gibt es jedoch eine jüdische Tradition, mit der man die Repräsentant*innen des Punks und ihr Wirken erfassen kann. Hannah Arendt wie auch Gershom Scholem[11] entdeckten schon zu Beginn des 20. Jahrhunderts diese verborgene, ja geheim gehaltene Tradition der Schlemihls und Parias. Diese verdrängte Geschichte passte natürlich so gar nicht in das Weltbild der assimilationswilligen Juden mit ihrem bürgerlichen Humanismus. Man hatte, wie Helmut Reinicke[12] ausführt, vielmehr

6 Beeber: *Die Heebie-Jeebies im CBGB's*, S. 168.

7 Richard Hell & The Voidoids: Blank Generation (*Blank Generation*, 1990, Sire Records).

8 Beeber: *Die Heebie-Jeebies im CBGB's*, S. 67.

9 Hannah Arendt: *Elemente und Ursprünge totaler Herrschaft. Antisemitismus, Imperialismus, totale Herrschaft*. München: Piper 2001, S. 196.

10 Ebd., S. 204.

11 Siehe Gershom Scholem: *Judaica 6. Die Wissenschaft vom Judentum*. Frankfurt am Main: Suhrkamp 1997, S. 37.

12 Siehe Helmut Reinicke: *Gaunerwirtschaft. Die erstaunlichen Abenteuer hebräischer Spitzbuben in Deutschland*. Berlin: Transit 1983, S. 12.

Angst, dass die Erinnerung an diese Außenseiter*innen das Projekt der Emanzipation gefährden könnte. Diese verdrängte Tradition der Paria, der Abenteurer, oder der Gauner und Diebe, die im amerikanischen Slang als *bad ass heebs* bezeichnet werden, versucht Fritz Heymann in der Zeit der nationalsozialistischen Bedrohung für junge Juden* politisch nutzbar zu machen; so schreibt er programmatisch im Vorwort seines Buches *Der Chevalier von Geldern. Geschichten jüdischer Abenteurer*:

> *Es geschieht dennoch, dass Juden die Tat wagen und dem jüdischen Schicksal Widerstand leisten. Kerls, die nicht mehr warten wollen, bis der Messias, der welterobernde Kriegsheld, kommt, treten an seine Statt. Sie glauben, dass die Juden schon in der Stunde, da sie gemeinsam dem gleichen Ziel zu marschieren, ein Volk geworden sind, das wieder handelt.* [...] *Nur der Glaube an das Heldische macht Helden! Ruft Benjamin Disraeli, der sich jungenhaft vor den Toren tummelt, seinen Stammesbrüdern im Ghetto zu.*[13]

Was Heymann an den Abenteurern, Gaunern und Parias so faszinierend findet, ist ihr unbeugsamer Widerstandswille, mit dem sie der Mehrheitsgesellschaft ihr vergiftetes Assimilationsangebot, das mit entwürdigender Unterwerfung erkauft ist, aus der Hand schlugen. Aus der gleichen Verweigerung, „wertvolle" Mitglieder der Gesellschaft zu werden, verehrten die jüdischen Punks die Mitglieder der jüdischen Mafia, wie Arnold Rothstein, Meyer Lansky oder Benjamin Bugsy Siegel, die ihre Gemeinden als Verteidiger ihres Volkes vor antisemitischen Überfällen wirksam und mit brutaler Gewalt schützten.[14] In dieser Tradition des wehrhaften, aktiven und männlichen Juden, die Kinky Friedman in der Hymne *They Ain't Makin' Jews Like Jesus Anymore*[15] besingt, steht auch Handsome Dick Montoba von den Dictators:

> *Ich bin ein Jude. Ich wuchs zwischen jeder Menge Italiener und Juden in der Bronx auf und ich verstand, dass wir ein unterdrücktes Volk waren, das zurückschlagen musste, um zu überleben und dass wir das meist mit viel Humor taten.*[16]

Dieser Hinweis, dass sich die Punks mit den rebellischen Juden* der verborgenen Tradition der Parias identifizierten, kann auch den Verstehenshorizont bereitstellen, mit dem ein Song wie *Venus in Furs*[17] von Velvet Underground in seiner Tiefe interpretieren werden kann. Der Verweis auf Leopold von Sacher-Masoch (Autor der *Venus im Pelz* und unfreiwilliger Namensgeber des Masochismus)[18] ist für gewöhnlich als Gegenprogramm zur Naivität der kalifornischen Hippie-Bewegung gelesen worden, die, beeinflusst durch Wilhelm Reich, die Fahne der Utopie einer „natürlichen" und „aggressionsfreien" Sexualität hochhielten.

---

13 Fritz Heymann: *Der Chevalier von Geldern. Geschichten jüdischer Abenteurer.* Königstein i. Ts.: Jüdischer Verlag 1985, S. 11.

14 Zur Verehrung jüdischer Gangster siehe Robert A. Rockaway: *Meyer Lansky, Bugsy Siegel & Co. Lebensgeschichten jüdischer Gangster in den USA*, aus d. Amerik. v. Leon Mengden. Hamburg: Konkret 1998, S. 213–240.

15 Kinky Friedman: They Ain't Makin' Jews Like Jesus Anymore (*Selftitled*, 1974, MCA Records).

16 Beeber: *Die Heebie-Jeebies im CBGB's*, S. 29.

17 The Velvet Underground & Nico: Venus in Furs (*Selftitled*, 1967, MGM Records).

18 Zu Sacher Masoch als unfreiwilliger Namensgeber in der Psychopathologie siehe Richard von Krafft-Ebing: *Psychopathia sexualis*. München: Matthes & Seitz 1984, S. 105.

Doch warum sehnt sich dieser Severin, der Protagonist in dem von Sacher-Masoch beeinflussten Lied *Venus in Furs*, erschöpft und ohne Träume so sehr nach den glänzenden Lederstiefeln und den Peitschenhieben seiner Herrin, die es allein vermag, sein verwundetes Herz zu heilen? Ein anderer, jüdischer Punk, Jonathan Richman, der als früher Fan Velvet Underground verehrte, kann mit seinem Lied *Roadrunner*[19] vielleicht einen Wink zum Verständnis von Severin geben. *Roadrunner* handelt vom Leben eines Handlungsreisenden, der mehr auf der Straße als zu Hause existiert und nachts müde und leer gearbeitet sein Radio aufdreht, um noch einmal den Traum der amerikanischen Freiheit zu spüren. Dieses von Richman besungene Gefühl der Resignation erinnert an den Severin von Lou Reed, der so ermattet ist, als lägen die Lasten von Jahrhunderten auf seinen Schultern. Um sich vor den Verletzungen seines Herzens zu schützen, identifiziert sich Severin mit dem Angreifer in Person seiner kalten Herrin. Seine Aggressionen, die sich aufgestaut haben, sind der Selbstdestruktion des Masochismus gewichen. Was Lou Reed besingt, ist mehr als eine Kritik an der Naivität liebestrunkener Hippies. Er stellt die Schattenseite des zum Alptraum gewordenen amerikanischen Traums dar, dem seine Eltern noch hoffnungsvoll folgten und für die Assimilation ihre Selbstachtung opferten.[20]

Das Wissen um die geheime Tradition des Parias macht es nun auch möglich, die für uns äußerst provokative Verwendung von Nazi-Devotionalien durch die jüdischen Punks besser zu verstehen. Es ist eine irritierende Tatsache, dass sich jüdische Musiker*innen des amerikanischen Punks mit Symbolen des Nationalsozialismus schmückten. So singen die Dictators, der Name dieser Gruppe ist schon verräterisch, vom *Master Race Rock*[21]. Lou Reed lässt sich als geschmackloses, modisches Beiwerk eiserne Kreuze in sein Haar rasieren. Chris Stein von Blondie findet es besonders erotisch, mit seiner blonden Freundin auf einer Hakenkreuzflagge zu schlafen. Seine Band nennt er nach dem Lieblingshund Adolf Hitlers *Blondie*. Die Ramones wählen einen Entwurf für ihr Logo, das stark an die Koppelschnalle der deutschen Wehrmacht erinnert. Außerdem singt Joey Ramone davon, ein Nazi-Schatzi in einer das Vaterland verteidigenden Sturmtruppe zu sein. Am Ende von *Today Your Love, Tomorrow the World*[22] stimmen die Ramones, um das Maß voll zu machen, die Nazi-Hymne *Es zittern die morschen Knochen* an. Wie ist ein solcher pietätloser Umgang zu erklären? Beeber, der zu Recht schreibt, dass es ohne Holocaust auch keinen Punk gegeben hätte, erklärt diesen Umgang mit der Vergangenheit als eine merkwürdige Form der Befreiung:

> *Deshalb sammelten Leute wie Chris Stein Nazi-Devotionalien, selbst als sie schon längst Stars geworden waren. Es ging ihnen nicht darum, die Unterdrücker zu verherrlichen, sondern zu zeigen, dass, wie Debbie Harry erklärt, „die Juden gewonnen hatten.“*[23]

---

19 The Modern Lovers: Roadrunner (*Selftitled*, 2003, Sanctuary Records).

20 Der Mentor, der Lou Reed immer wieder inspiriert hat, war der Schriftsteller Delmor Schwartz, dem er in seinem Lied *My House* als *Wandering Jew* ein Denkmal setzte. Seine Geschichten handeln explizit von den zerplatzten Träumen der Einwanderer. (Siehe Delmore Schwartz: *Der Traum vom Leben*. Stories, aus d. Engl. v. Gunter Ohnemus. Augsburg: Maro 2002.)

21 The Dictatores: Master Race Rock (*Go Girl Crazy!*, 1975, CBS Records).

22 Ramones: Today Your Love, Tomorrow the World (*Selftitled*, 1976, Warner Bros. Records).

23 Beeber: *Die Heebie-Jeebies im CBGB's*, S. 198.

Was Debbie Harry, die Sängerin von Blondie und Partnerin von Chris Stein, andeutet, ist ein Verfahren, das man auch bei anderen Minderheiten finden kann.[24] Symbole der Erniedrigung und der Fremdbestimmung werden in ihrer Bedeutung umcodiert. So wird das Schimpfwort *Nigger* im Gebrauch der schwarzen Subkultur zu einer Vokabel der Auszeichnung und Wertschätzung. Durch die Umcodierung bestehender Zeichensysteme gewinnen Minderheiten symbolische Souveränität. Die Verwendung von Nazi-Symbolen in den Händen jüdischer Punks zeigt, dass sie nicht mehr gewillt sind, sich von außen definieren lassen. Sie sind als *blank generation* nun jene, die bestimmen, wer sie sind.

So wie jüdische Punks in Amerika in den siebziger Jahren mit Nazisymbolen umgegangen sind, kann für das gegenwärtige Judentum in Deutschland außerordentlich lehrreich sein. Die in Deutschland „vorbildlich" gepflegte Erinnerungskultur weist den Juden* die Opferrolle zu. In dieser Rolle auf der Bühne des *Gedächtnistheaters* verrichten, wie Bodemann schreibt,[25] die Juden* ihre ideologische Arbeit. Sie sind der Spiegel, in dem sich die geläuterte, deutsche Gesellschaft als demokratisch und liberal erfahren kann. Diese Rolle als Opfer droht den Juden* jedoch ihre Stimme, ihre Geschichte und ihre kulturellen Bezüge zu rauben. Wie für die amerikanischen Punks wird es zukünftig auch für die deutschen Juden* darauf ankommen, Souveränität über ihre Identität zurück zu erobern. Sie müssen zu einer *blank generation* werden, die von nun an selbst bestimmt, wer sie sein will.[26]

---

24 John Fiske: *Lesarten des Populären*, aus d. Engl. v. Christina Lutter / Markus Reisenleitner / Stefan Erdei. Wien: Löcker 2003, S. 112: „[Die Minderheiten] erschaffen ihre eigenen Bedeutungen aus den ihr zur Verfügung stehenden symbolischen Systemen, und indem sie *deren* Signifikanten verwenden und *deren* Signifikate zurückweisen oder lächerlich machen, demonstrieren sie *ihre* Fähigkeit, *ihre eigenen* Bedeutungen herzustellen."

25 *Gedächtnistheater* ist ein von Bodemann verwendeter Begriff, um verstaatlichtes Gedenken in Deutschland zu beschreiben (ders.: Michal Bodemann: *Gedächtnistheater. Die jüdische Gemeinschaft und ihre deutsche Erfindung*. Hamburg: Rotbuch 1996).

26 Max Czolleks Manifest zur Desintegration, das in der ersten Ausgabe von *Jalta* erschienen ist, formuliert dieses Bedürfnis für eine gegenwärtige Generation von Juden* in Deutschland (Anm. d. Red.).

EINE ADELSHOCHZEIT

MICHA BRUMLIK

Nein, das Judentum kennt genau genommen keinen Adel – sieht man einmal davon ab, dass beim Aufruf zur Tora die aus biblischen Zeiten stammende Unterscheidung von Angehörigen der Priesterkaste (Kohanim), der Leviten, also der Dienstpriester, sowie aller anderen Angehörigen des Volkes Israel eine letzte, sehr geschrumpfte liturgische Funktion haben. Gleichwohl: Vom Polen des sechzehnten Jahrhunderts haben sich bis heute Formen aristokratischer Lebensführung erhalten. Und zwar bei ganz unterschiedlichen chassidischen Gruppen, deren Oberhäupter – in aller Regel charismatische Männer (Zaddikim), *Gerechte* genannt – sich vom katholischen polnischen Adel das Prinzip, einen adligen Hof zu unterhalten, abgesehen hatten. So auch die Lubawitscher Chassidim, die freilich seit dem Tod ihres letzten großen Rebben, Menachem Mendel Schneerson (1902–1994) – er starb kinderlos –, keinen führenden Rebben mehr haben. An seine Stelle traten Gremien sowie – sofern möglich – Lubawitscher Rabbiner, wenn es ihnen gelang, in jüdischen Gemeinden überall auf der Welt führende Positionen einzunehmen. Dynastien, das hat sich seit der Antike nicht verändert, neigen dazu, ihren Fortbestand durch eine kluge Heiratspolitik zu sichern, wobei – das ist auch heute noch in den Klatschblättern zu verfolgen – das Prinzip der romantischen Liebe keineswegs die wichtigste Rolle spielt. Das freilich gilt nicht nur für Adelsfamilien, nein, auch im orthodoxen Judentum werden junge Männer und junge Frauen – oftmals, ohne sich vorher gekannt zu haben – mit Hilfe eines Schadchen, eines Heiratsvermittlers, zusammengebracht und verheiratet. Dass diese Praxis erhebliches menschliches Unglück zur Folge haben kann, ließ sich zuletzt dem erschütternden Lebensbericht von Deborah Feldman, *Unorthodox*, entnehmen.[1]

1 Deborah Feldman: *Unorthodox*, aus d. Amerik. v. Christian Ruzicska. München: btb 2017.

Im Sommer des Jahres 2017, am 4. Juli, fand eine solche dynastische Hochzeit im Berliner Tiergarten statt: Unter freiem Himmel, vor achthundert geladenen Gästen wurde die Tochter des den Lubawitscher Chassidim angehörigen Berliner Gemeinderabbiners Yehuda Teichtal mit dem Sohn eines Freundes von Wladimir Putin, des Oberrabbiners Russlands, Berel Lazar, verheiratet. Mitten im bewaldeten Park prunkte unter grünem Laub ein über und über mit Blumen geschmückter, etwa drei Meter hoher Baldachin, im Angesicht dessen den vor der Verheiratung stehenden jungen Leute in endloser Folge hochehrenwerte Verwandte und Freund*innen der Familie vorgestellt wurden, bevor schließlich die jeweiligen Familien erst die wunderschöne Braut und dann, danach, den etwas ängstlich wirkenden Bräutigam unter den Baldachin brachten. Die Braut aber war tief, weiß verschleiert – bis der Bräutigam den Schleier hob.

Neben dem Baldachin, der Chuppa, spielten im traditionellen Ritual sieben Segenssprüche (Schewa Brachot) eine entscheidende Rolle. Die vorletzte Bracha lautet übersetzt so:

> *Gelobt sei'st Du Ewiger, unser G"tt, König der Welt, der Fröhlichkeit und Freude erschaffen, Braut und Bräutigam, Jubel, Frohlocken, Tanz und Frohsinn; Liebe und Brüderlichkeit, Friede und Freundschaft. Bald, Ewiger unser G"tt möge gehört werden in den Städten Jehudas und den Straßen Jeruschalajims die Stimme der Fröhlichkeit, Stimme der Freude, Stimme des Bräutigams und die Stimme der Braut, Stimme der Brautleute unter dem Trauhimmel, der Jungen beim Gesang des Festmahls. Gelobt sei'st du Ewiger, der den Bräutigam mit der Braut erfreut.*

Worum es bei einer jüdischen Hochzeit geht, wird im spätantiken Talmud in aller Ausführlichkeit behandelt. Die meist sehr nüchternen und trockenen Regeln aber stehen in einem Mischna-Traktat, das Kidduschin (Heiligungen) heißt. Was aber könnte an dieser Lebensform heilig sein? Nun, wenn Juden und Jüdinnen, wenn Mann und Frau – Chatan und Kala – sich die Ringe anstecken und sich damit ein Eheversprechen geben, dann heiligen sie einander nach jüdischer Tradition: „Harei at mekudeschet li", sagt der Mann, d. h. übersetzt: „Hiermit bist Du mir angeheiligt." Angeheiligt? „Heilig" – das ist nach gegenwärtigem Verständnis das, was nicht profan ist, was den Alltag überstrahlt und – das ist die Pointe der Heiligung – ggf. auch im Alltag erhalten bleibt. Eine gute Ehe, so ließe sich daher sagen, erhält das Außergewöhnliche im Alltag auf Dauer – das ist zwar paradox, wohl aber der Sinn der jüdischen Ehe.

Das Außeralltägliche aber, die Hochzeitsfeier, fand mit hunderten Gästen abends im Berliner Hotel Intercontinental statt, wo ein koscheres Abendessen gereicht wurde, das allerdings – so viel Keuschheit und Sittsamkeit (Zniut) muss sein – von Männern und Frauen in getrennten Räumen eingenommen wurde. All das in lila und rötlich oszillierendes Licht getaucht und von meist hebräischen Liedern, die eine kleine, durch anfeuernde Sänger (!) verstärkte Kapelle spielte. Am Ende tanzten – in verschiedenen Räumen – Männer und Frauen getrennt, wobei der Tanz der meist – nicht ausschließlich – jüngeren Männer mitsamt ihren Kaftanen, Schläfenlocken und langen Bärten ekstatische Formen annahm. Schiere Freude und Ekstase: Chassidisches Leben weist deutlich männerbündische Züge auf – wenngleich mir später auch Frauen berichteten, dass es schön und geradezu erbaulich war, nur einmal unter sich zu tanzen.

Es war der Philosoph der Hoffnung, Ernst Bloch, der schon früh den Begriff der Ungleichzeitigkeit geprägt hat und damit auf Lebensformen und Verhaltensweisen zielte, die zwar zur gleichen kalendarischen Zeit nebeneinander existierten, aber gleichwohl ganz unterschiedlichen Epochen entstammen.[2] Ein Irrtum ist kaum möglich: Die Prinzenhochzeit vom Berliner Tiergarten im Juli 2017 wies auf das periphere Fortleben polnischer Adels- und damit Ehrenkultur ebenso hin wie auf ein schon in der Antike geprägtes Verständnis der Ehe.

2 Ernst Bloch: *Erbschaft dieser Zeit. Werkausgabe*, Bd. 4. Erw. Ausg. Berlin: Suhrkamp 1992.

4 — ד

VERGESSEN, ÜBERSEHEN, VERDRÄNGT

FAMILIEN-GEBRAUCHSANWEISUNG[1]

BINSWANGER FRIEDMAN

1 Als einer der acht in Augsburg geborenen jüdisch-orthodoxen Söhne von Moses und Blümle Binswanger ist Samuel 1849 im Alter von fünfundzwanzig Jahren nach Amerika ausgewandert. Sechsunddreißig Jahre später ist es ihm dann gelungen, mit dem Dampfschiff „City of Rome" wieder nach Europa zu reisen, um dort seine Brüder und Verwandten zu besuchen. Dieser Beitrag verwendet als Material das auf Englisch verfasste Reisetagebuch, welches Samuel zwischen dem 4. Mai und 15. August 1885 unterwegs auf seiner Reise geführt hat. Die Existenz einer solchen Familienaufzeichnung war meiner Familie bis vor vier Jahren noch völlig unbekannt. Erst als die Familie nach dem Tod meiner Großmutter die in ihrem Haus hinterlassenen Gegenstände und Dokumente durchgeschaut hat, kam dabei hinter einer Bücherreihe in einem oberen Regalfach dieses auf Schreibmaschine abgetippte Tagebuch zum Vorschein. Anscheinend besitzen ein gewisses Ehepaar Joe und Marie Roberts eine weitere Kopie des Tagebuchs in der gleichen Form; allerdings kenne ich sie nicht persönlich und höchstwahrscheinlich sind sie auch nicht mehr am Leben. Unter den zahlreichen Binswanger-Dokumenten im Jüdischen Museum Berlin gibt es weder ein handschriftliches Exemplar des Tagebuchs noch andersartige handschriftliche Notizen Samuels. Doch es gibt dort ein kleines, abgetipptes Büchlein, in dem der Besuch seines Verwandten Gustav Binswanger beschrieben wird; es trägt den eigenartigen Titel *Familiengebrauchsanweisung*. Dieser gleichnamige Beitrag ist der Beginn eines größeren Buchprojekts und wird hier durch Fotos ausgewählter Tagebuchseiten Samuels ergänzt.

it is impossible to recall all (but) the light

is grand in leaving

so as a distance from place
to place is great

(in leaving) between L.
and L. each passage here belts

"rest" after (us) an

abundance we rose in
yeared (,) the steam

could not get us up or
up us on account of the tide

no not *all* our offences

were too great for pen
to give way to

for this particular room
is still (,) too large for others

to lie in, we stop –

nights a great many
friends came to (us)

to see or give a full
description: is the wind near

Trip to Europe 1885.

Monday morning, May 4th, 1885 in Company of H. Wallerstein, we left Richmond taking farewell of our families took a lunch in Milford, arrived in Washington 10:30 A.M., went to Dep. of State for Wallerstein to get his passport, took the next train and arrived in Baltimore 1:40 P.M., met at my brother E, several friends, tookdinner, went to see my father-in-law, etc. Harburger at night a great many friends came to see us. Sig B. and his wife Mina, Dave B. went to the Union Depot with us, took a sleeper, rested well all night, arrived in New York Tuesday 5th. Attended to some business and went to see the stock and grain exchange. IN Washington we have seen some interesting sights, particularly the war relics, very interesting, had no time to see more. We stopped at the Astor in New York; very good house. We went Wednesday morning to see about our baggage and to get a room. At 10 A.M. we left the wharf to go to Sandy Hook and at 12 Noon, the 6th of May, 1885 on the beautiful Steamer

City of Rome

we made till next day noon ----- the boat a good sailor, but the accommo-

the use of that powerful organ, very fine indeed with illumination by electricity of the whole ground af. Fountains showing all colors of the water rising very high, more than 1/2 million of little lights of different colors, a grand sight, before this we have seen the old Sts. of London as it was 800 years ago. Never seen a more interesting object. I bought a book with description of same for 6 pence, 12 cts. and brought it with me. At 9:30 P.M. returned to our Hotel by underground Railway, we were tired out, the weather was very cold and rainy as it usually ~~rain~~ is in London, every fifteen minutes it changes, which is a disagreeable feature. We retired, restd well, slept until late in the morning, Sunday 17th, dressed then we took a warm bath at the Hotel, afterwards enjoyed a good breakfast, passed our time in the smoking and reading room as London is very dull on Sunday, still we went to St. Paul's Cathedral, was not interested in the service, returned home and took dinner at 2 P.M., waited for our boys, they came soon after, young Hirsch with them. We went to Hyde Park and seen the Albert Memorial, a sight worth while seeing, too grand for my pen to give a full description.

close by, had to wait for the train 1/2 hour, had time to take breakfast and then past through the Country which was very nice, saw beatiful beautiful and well cultivated fields, strange old fashioned houses and reached the old and interestig city, Cologne, Monday about 3 P.M. where we had to wait for the next trainuuntil 6 OClock, had time to walk about to see the city and visited the Dam, the grandest structurein the world. We left Cologne in the evening after we had our baggage checked to Wurzburg, traveled all night in Co. of a young man who came all the way with us from London, Mr. Hirsch, who is engaged in the banking business in London, a very fine and agreeable gentlement, who went home to Darmdtadt to pay a visit to his parents for the holidays, Whitsuntide, with some very nice young men, a jolly crowd, we passed Cassel Maynce, Darmstadt, Wurzburg, where we hd to get another tivket and our baggage rechecked in the greatest hurry. The RR Depots (Bahmhofes) are very elegant, my friend left me there 3:AM. He went to Neustadt and I proceeded to Augsburg, arrived there at 7 A.M. Tuesday, May 19th was met by my brothers, Gabriel & Oswald conveyed me to there home and met Bro. Jacob and all their ladies. A happy meeting it was, after an absence of 36

brother to do some writing, in particular to keep up this dairy. At 10 A.M. Bro. Jacob wanted to show the most interesting sight of the city, which is the City Hall. The Gold Hal is a pretty structure, most power and substantially built, elegant indeed. The finest wood and painting, the largent hall known with pillows to suppost it, it is 62 ft. wide, 120 long & 52 high, the most interesting history gos with it, the prettiest scenery of the -- gathering of Kings and Monarchs, poets, af. commences with Christopher F. All was explained by the guide, for more particulars I will have to refer to a book I bought for 50 Pf. or 12 cts. now with me, it is impossible to recollect all, but the sight is grand, in leaving we have seen the great eagle made of Iron weighing 27,000 lbs. the --- to the perfection of the Great Hall the Court room where the City Council hold their meetings is perfect, that it is a pleasure to see it. After this we went to the fine Hotel, a grand building, had no time to stay long we were looked for to dinner at 2:30 P.M. I took a ride with Nephew Sig, Oswald's son, several miles in the country, he on a business trip. I have seen again the style of living and doing business

DER ICE 4 ANNE FRANK

Oder: Wie kommen Dinge zu ihren Namen?

ANNA SCHAPIRO

Wie kommt der ICE 4 Anne Frank zu seinem Namen? Was könnte Anne Frank mit einem Zug, der durch eine deutsche Landschaft fährt, zu tun haben?

Beschreibt der Name die Erwartung, dass dieser Zug überfüllt sein wird, so wie der Zug der Deutschen Reichsbahn, in dem Anne Frank deportiert wurde?

Steht die *Vier* im Namen des Zuges eigentlich für *Vieh* und verweist mit der klanglichen Nähe der beiden Worte auf den *Vieh*waggon der Deportation?

Oder bezieht sich die Vier auf die Stationen, die der ICE 4 anfahren wird, Anne Franks vier Stationen im Viehwaggon der Bahn?

Fährt der ICE 4 Anne Frank dementsprechend die Strecke Frankfurt – Amsterdam, Amsterdam – Westerbork, Westerbork – Auschwitz, Auschwitz – Bergen-Belsen?

Diese und weitere Fragen schießen mir durch den Kopf, als ich über die Namensgebung lese. Vielleicht irre ich mich auch und diese Namensgebung ist, ganz einfach, eine weitere Spitze des Erinnerungs- und Aufarbeitungsweltmeisters Deutschland? Befinden wir uns innerhalb eines neuen Kapitels jener – *wash your hands with Holocaust*?

Die Vorschläge für die Namensgebung der Züge kamen von DB-Kund*innen. Eine sechsköpfige Kommission der Deutschen Bahn beschäftigte sich daraufhin mit ihnen und entschloss sich schließlich für Anne Frank als Namensgeberin. Was ging ihnen durch den Kopf? Die Deutsche Bahn hat nach eigenen Angaben „außergewöhnliche Persönlichkeiten“[1] gesucht, die die Geschichte und Identität der Deutschen geprägt haben. In der Tat war

1 Die ICE-4-Namen stehen fest. https://inside.bahn.de/ice4-zugtaufe/ (Zugriff am 30.11.2017).

das Mädchen Anne Frank eine deutsche und jüdische Persönlichkeit, die das Selbstverständnis der Deutschen geprägt hat. Sie war eine Deutsche, der nicht nur ihre Kindheit und ihr Leben genommen, sondern auch ihre deutsche Staatsbürgerschaft gewaltsam entzogen wurde. Ist Anne Frank eine „außergewöhnliche" Persönlichkeit, weil sie ein Tagebuch geschrieben hat, das den Weg ihrer Enteignung und Verfolgung als jüdische Deutsche nachzeichnet? Ist bewusst oder unbedacht unterschlagen worden, dass Anne Franks deutsche Staatsbürgerschaft 1941 aberkannt und sie 1945 staatenlos als Jüdin und nicht als jüdische Deutsche im KZ Bergen-Belsen ermordet wurde?

Bei den Benennungen der Züge tritt ein weiteres musterhaftes Phänomen auf: Ein anderer ICE hat den Namen Martin Luther bekommen, der neben seinen Verdiensten in der Reformation unmissverständlich auch zum Judenhass aufgerufen hat. Die Benennung der neuen ICEs bringt also mehrere Punkte zum Vorschein, die kritisch diskutiert werden können und müssen.Welche Räume stehen uns für diese und weitere Diskussionen zur Verfügung? Wie werden sie ablaufen? Und sind diese mit der Namensgebung beabsichtigt?

Wie kann die historische Verbindung der Bahn zur Person Anne Frank öffentlich in Namen des Zuges mitgenannt werden, ohne zur Strategie der Selbstentfremdung und Abspaltung greifen zu müssen?

ANMERKUNG DER REDAKTION Am 28. Februar 2018 verkündete die Deutsche Bahn, man wolle nun doch keine Züge nach historischen Persönlichkeiten benennen. Damit reagierte das Unternehmen auf Kritik an der Auswahl der Namen für die neue ICE-4-Flotte und räumte ein, dass man „das Thema leider falsch eingeschätzt und damit Gefühle verletzt habe". Die Verstrickung von Reichsbahn und NS-Staat bezeichnete das Unternehmen als „dunkles Kapitel in der Geschichte der Eisenbahn". Die von der Autorin aufgeworfenen Fragen an die Deutsche Bahn werden durch diesen Rückzieher nicht beantwortet. Als Rechtsnachfolgerin der Reichsbahn verweigert das Unternehmen seit mehr als 70 Jahren, seine Verstrickung mit dem Nationalsozialismus systematisch aufzuarbeiten.

DAS AUSLASSUNGSZEICHEN DER ERINNERUNG

Der Fall der Synagoge von Tata

LÓRÁNT BÓDI

Der Holocaust, die innere Migration und die Auswanderung nach dem Krieg haben dazu geführt, dass die meisten jüdischen Gemeinden in der ungarischen Provinz verschwunden sind. Die Landesvertretung der Ungarischen Israeliten (MIOK – Magyar Izraeliták Országos Képviselete) trennte sich aus unterschiedlichen Gründen (Erlöschen von Gemeinden, politischer Druck, finanzielle Notlage) von etwa 60 bis 70 Synagogen im gesamten Landesgebiet, verkaufte sie an Gemeinderäte und Unternehmen. Die Synagogen wurden je nach lokalem Bedarf zu Wohnhäusern, Lagern (Giftlagern, Obstlagern, Möbellagern bzw. -kaufhäusern, Mehllagern), Sporthallen, kulturellen Bildungszentren (Haus der Technik, Bibliothek, Haus der Künste) und teilweise auch zu Kirchen umgestaltet. Im Zuge der radikalen Änderung in der Nutzung der Synagogengebäude wurden konfessionelle Zeichen und Symbole entfernt und damit die ehemaligen Sakralräume *entjudaisiert*. Diese vermutlich nicht-intentionale Erinnerungspolitik hatte zur Folge, dass sich die ehemaligen Gebäude der Synagogen nun nahtlos in das sich verändernde Siedlungsbild einfügten (und damit verschwanden). Vielerorts hatten die – häufig zentral gelegenen – Synagogen neben den jüdischen Friedhöfen und Gemeindehäusern die letzte Raumerfahrung der (einstigen) Anwesenheit des Judentums dargestellt.

Auch in Tata (ca. 60 km von Budapest entfernt) stoßen wir auf Schwierigkeiten, wenn wir versuchen, die Spuren der einstigen jüdischen Bevölkerung aufzufinden, die im Leben der Stadt eine herausragende Rolle spielte. 1944 wurden insgesamt 650 Einwohner*innen von Tata nach Auschwitz deportiert, 10–20 von ihnen kehrten zurück. Die 1861 fertiggestellte Synagoge wurde von der Zentralen Jüdischen Gemeinde (die auf wenige Personen geschrumpfte lokale Gemeinde war rechtlich nicht Besitzerin des Gebäudes) 1976 an den Rat des Komitats verkauft. Anders als ursprünglich geplant (das

Grundstück war für eine Erweiterung des benachbarten Krankenhauses bestimmt), wurde der Innenraum des Gebäudes umgestaltet, man entfernte die konfessionellen Symbole und richtete 1977 das Museum der Griechisch-Römischen Skulpturenkopien (Görög-Római Szobormásolatok Múzeuma) ein. Die Exponate stammten aus der Nachbildungssammlung des Museums der Schönen Künste (Szépművészeti Múzeum) in Budapest, das dem neuen Museum einen Teil seiner Sammlung zur Verfügung stellte. Diese Sammlung war in der zweiten Hälfte des 19. Jahrhunderts vom verspäteten philhellenischen Zeitgeist (die ersten Sammlungen von Nachbildungen entstanden in der ersten Hälfte des 19. Jahrhunderts) für das damals gegründete Nationalmuseum angelegt worden und sollte pädagogischen Zwecken dienen. Nach den Wirren der darauffolgenden Jahrzehnte gelangte die Sammlung, nun Eigentum des Museums der Schönen Künste, in ruinösem Zustand nach Tata und in eine benachbarte Ortschaft (die sogenannten Renaissancestücke aus der Sammlung der Skulpturenkopien gelangten parallel in die Synagoge von Kecskemét, die zu einem Haus der Technik umgestaltet worden war). Unter erheblichem materiellen Aufwand konnten das zerfallene Gebäude renoviert, die mitgenommene Sammlung wiederhergestellt und schließlich das Museum eröffnet werden. Der ursprüngliche pädagogische Zweck der Sammlung reproduzierte sich in neuem, sozialistischen Gewand im Gebäude einer verlassenen Synagoge.

2004, beinahe 40 Jahre nach Eröffnung des Museums, im Rahmen des 60. Jahrestags der Deportationen, erhielt das Synagogengebäude eine vollständige Fassadensanierung, die Gesetzestafeln kamen in Form von Kopien wieder an ihren ursprünglichen Platz. Gleichzeitig wurde im Garten der Synagoge (an der linken Seite des Gebäudes) die sechsteilige Skulpturengruppe *Zum Gedenken an die Märtyrer aller Zeiten* (Minden idők mártírjai emlékére), geschaffen von der Bildhauerin Mária Lugossy, aufgestellt; der Garten selbst wurde zum Gedenkpark erklärt. Auf diese Weise entstand ein eigenartiges symbolisches Arrangement: Die stilisierten Gesetzestafeln, die wieder auf dem Dach angebracht wurden, verkündeten Gottes Verbot der Götzenanbetung, zugleich hausten im Inneren des Gebäudes echte ‚Götzen'. Das in seinen Äußerlichkeiten wiederhergestellte Synagogengebäude (das Innere wird weiterhin von einer Zwischendecke aus Beton, blauer Farbe und Linoleum beherrscht) und die Nachbildungen antiker Skulpturen in seinem Inneren bilden kulturgeschichtlich ein sonderbares Gespann. Denken wir an Chanukka, das mit den Makkabäerkriegen verbunden ist: Unter dem hellenischen Herrscher Antiochus sollte das jüdische Volk gezwungen werden, die griechische Religion anzunehmen. Dies versuchte man dadurch zu erreichen, dass der Sakralraum des Tempels in Jerusalem entweiht wurde, indem man dort den Zeus-Kult heimisch machte und einen Zeus-Altar bzw. im Tempelinneren weitere Statuen errichtete. Chanukka ist das Fest des von den Makkabäern erkämpften Sieges über den feindlichen Herrscher, das Fest des göttlichen

Wunders und der anschließenden religiösen ‚Erneuerung'. Die Makkabäerkriege sind also ein hervorragendes kultgeschichtliches Beispiel für die Platzierung von geschnitzten Statuen (Götzen) im Tempel und für das göttliche Verbot der Götzenanbetung.

Im Sommer 2017 sind die Skulpturen aus dem Raum der Synagoge ‚ausgezogen'. Die Frage ist nun: Wird die Lokalpolitik ohne jüdische Gemeinde, ohne Möglichkeit der Wiederaufnahme eines religiösen Alltags fähig sein, eine würdige Funktion für das Gebäude zu finden, wird sie sich also der Aufarbeitung der jüdischen Vergangenheit dieses Ortes widmen?

Aus dem Ungarischen von Christina Kunze

THE BLUE ROOM, EINE ARBEIT DES KÜNSTLERKOLLEKTIVS TEHNICA SCHWEIZ IN DEN INNENRÄUMEN DER SYNAGOGE VON TATA

ANNA SCHAPIRO

Tehnica Schweiz beschäftigt sich mit der Frage nach der Aufarbeitung des Ortes bereits heute. So dokumentierten Gergely László und Péter Rákosi, die zusammen das Künstlerkollektiv Tehnica Schweiz bilden, den Auszug der Figuren aus der ehemaligen Synagoge in einer Videoarbeit. In Fotografien stellt das Kollektiv den noch vor einigen Wochen dagewesenen Ist-Zustand dar – die Abgüsse der griechischen Figuren innerhalb der ehemaligen Synagoge Tata.

Beide Arbeiten sind Teil des Werkkomplexes *The Blue Room*, der durch weitere Arbeiten ergänzt wird. Anlehnend an die Arbeitsweise des Kollektivs haben wir uns entschieden, mit den bereits entstandenen Fotografien Einblicke in den noch andauernden Arbeitsprozess zu geben.

Aus welcher Sicht kann die ehemalige Synagoge heute betrachtet werden? Im jüdischen Religionsgesetz bildet der Minjan die Gemeinschaft und nicht die Synagoge. Dem entsprechend ist die Synagoge Hülle – Raum für den Gottesdienst. Was ist eine Synagoge ohne Minjan? Eine ehemalige Synagoge? Ein Gebäude? Diese Frage drängt sich auf im ehemaligen europäischen Zentrum jüdischen Lebens, Osteuropa. Gerade in der post-sowjetischen Zeit zeigen diese Orte nicht nur ihre ursprüngliche Funktion, sondern gleichermaßen die überlagerten Schichten der auf sie folgenden politischen Systeme.

Tehnica Schweiz involviert in ihre Arbeiten, die auch als öffentliche Aushandlungen dieser Fragen begriffen werden können, viele weitere Akteure. In diesem Falle unter anderem die Keramikklasse der Moholy-Nagy-Universität Budapest, Schulen aus der Umgebung von Tata sowie das Museum der Bildenden Künste Budapest (Szépművészeti Múzeum) und das Kuny-Domokos-Museum (Kuny-Domokos-Múzeum) in Tata. *The Blue Room* soll 2018/2019 im Jüdischen Museum Budapest (Magyar Zsidó Múzeum és Levéltár) gezeigt werden.

„Es ist vielleicht wichtig zu erwähnen, dass wir mit Péter und Tehnica Schweiz oft komplexe Prozesse anregen, die nur durch diverse Formen der Allianzen realisiert werden können“, notiert Gergely László zur Arbeitsweise des Künstlerkollektivs und deren Kooperationen.

THE BLUE ROOM

TEHNICA SCHWEIZ
GERGELY LÁSZLÓ / PÉTER RÁKOSI

5 — ה

STREITBARES

„WAS MIR FEHLT, IST, DASS MAN EINFACH ZUSAMMEN POLITISCH ARBEITEN KANN“

Zwischen Rassismus und Paternalismus: Einstellungen Geflüchteter zu Juden und Israel in der postmigrantischen Gesellschaft*

SINA ARNOLD / JANA KÖNIG

„Palästina ist ein besetztes Land“, das habe sie schon als kleines Kind gewusst, erzählt die 23-jährige Mira aus dem Irak. Sie berichtet von einer sehr grundlegenden und selbstverständlichen Ablehnung Israels, die sie aus der Schule und aus Gesprächen mit Familie und Freund*innen kennt. Der Staat würde stets als der selbstverständliche Feind der Araber*innen beschrieben:

> *Wenn ein Land zum Beispiel in Schwierigkeiten geraten ist, dann sagt man „Israel hat sich eingemischt“, „Israel ist mitverantwortlich“. Alles, was die Araber und die arabischen Länder betrifft, da ist Israel mit Schuld.*

Mira steht diesen Aussagen kritisch gegenüber und weiß nicht, „ob das stimmt oder nicht“. Auch überträgt sie diese Haltungen nicht auf einzelne Juden und Jüdinnen, hier zähle „immer der Mensch“. So berichtet sie von positiven Begegnungen mit jüdischen Nachbar*innen, die „immer in das Haus meines Opas zu uns gekommen [sind] und wir haben zusammen gekocht und zusammen gegessen und umgekehrt“. Sie denkt allerdings, dass Juden und Jüdinnen sehr wohl mehr Macht und Geld hätten als andere Gruppen.

Mira war eine von 25 Interviewpartner*innen einer Studie, in welcher wir Geflüchtete aus Syrien, dem Irak und Afghanistan zu ihren Einstellungen zu Juden und Jüdinnen, zum Holocaust, zu Israel und dem Nahostkonflikt, aber auch zu Diskriminierungserfahrungen, Ängsten und Wünschen für die Zukunft befragten.[1] Debatten um Antisemitismus in

1 Alle Zitate in diesem Text entstammen dieser Studie. Unter den Befragten waren 16 Männer und neun Frauen im Alter von 16 bis 53 Jahre. Bis auf vier von ihnen bezeichnen sich alle Interviewten als Muslime*. Die vollständige Analyse einschließlich der Informationen zu Sample und Methode ist online zugänglich: Sina Arnold / Jana König: *Flucht und Antisemitismus. Erste Hinweise zu Erscheinungsformen von Antisemitismus bei Geflüchteten und mögliche Umgangsstrategien. Qualitative Befragung*

Deutschland gingen in den letzten Jahren häufig mit einem besonderen Fokus auf Muslime* einher. Seit dem Sommer 2015 rückten trotz der Vielfalt der Herkunftsländer die Geflüchteten aus arabischen Ländern in den Mittelpunkt dieser Debatten. Diese Fokussierung spiegelte sich in öffentlichen und medialen Diskursen: „Bringen die Flüchtlinge mehr Antisemitismus nach Deutschland?" fragte etwa die *Süddeutsche Zeitung*,[2] „Was wird aus dem Judenhass der Flüchtlinge?" die *Welt*.[3] Unterstellt wird in derlei Artikeln zumeist eine besondere Quali- wie Quantität des Antisemitismus der Neuzugewanderten: Es handele sich um einen spezifischen „muslimischen" oder „arabischen" Antisemitismus, der zudem noch in höherem Ausmaß vorzufinden sei als bei Deutschen. Diese besondere Fixierung auf Antisemitismus bei Geflüchteten birgt die Gefahr, diesen zu externalisieren und entsprechend antisemitische Einstellungen in der deutschen Gesellschaft zu verharmlosen. Angesichts des beständig hohen Niveaus dieser Haltungen im Kontext des wachsenden Rechtspopulismus wie auch des erstarkenden islamistischen Terrorismus in Europa empfinden viele Juden und Jüdinnen jedoch auch sehr reale Ängste vor antisemitischen Bedrohungen und Übergriffen.

In unseren Gesprächen wurde vor allem deutlich, wie problematisch das pauschalisierende Sprechen von ‚den Flüchtlingen' ist. Ähnlich wie in der restlichen Gesellschaft finden sich sehr unterschiedliche Einstellungen – sowohl zwischen als auch innerhalb der Herkunftsländer. Gleichwohl fanden sich zahlreiche antisemitische Einstellungen in nahezu allen Interviews. Gesprächspartner*innen assoziierten Juden und Jüdinnen mit überdimensionaler Macht, sahen sie als verantwortlich für weltweite Kriege, unterstellten ihnen Schläue und kalkulierende Rationalität oder befanden ganz selbstverständlich: „Ich hasse die einfach". Gleichzeitig nahm diese Judenfeindschaft keine weltbildhafte Funktion ein: Nur in einem Gespräch wurden „die Juden" als Verursacher allen Übels imaginiert. In den restlichen Interviews wurden vielmehr fragmentarische Vorurteils-Versatzstücke wiedergegeben, die aber nicht zentral für das Selbst- und Weltverständnis der Befragten waren. Vorurteilsbehaftetes Denken verhinderte überdies nicht, dass mehr als die Hälfte der Befragten Kontakt zu Juden und Jüdinnen hatte – sei es durch jüdische Nachbarn in Aleppo, den Freund der Großeltern im Irak, die Mitbewohnerin in einer Berliner WG oder den Mitschüler in der deutschen Sprachschule. Stereotype waren nicht notwendigerweise gefestigt; dies gilt auch für das Israelbild. Die Ablehnung Israels war einerseits in fast allen Interviews eine Selbstverständlichkeit: Das Land wurde als rassistischer, kolonialistischer, übermäßig einflussreicher, künstlicher Staat charakterisiert. Viele der Befragten solidarisierten sich sehr selbstverständlich mit ‚den Palästinenser*innen'. Andererseits gab es hier auch

von Expert_innen und Geflüchteten. Berlin: Berliner Institut für empirische Integrations- und Migrationsforschung 2016. https://www.bim.hu-berlin.de/media/Abschlussbericht_Flucht_und_Antisemitis mus_SA_JK.pdf (Zugriff am 11.01.2018). Die Studie wurde als externe Expertise für den Antisemitismusbericht des Unabhängigen Expertenkreis Antisemitismus erstellt.

2 Michael Brenner: Bringen die Flüchtlinge mehr Antisemitismus nach Deutschland? In: *Süddeutsche Zeitung Online*, 20.09.2015. http://www.sueddeutsche.de/kultur/2.220/debatte-bringen-die-fluechtlinge-mehr-antisemitismus-nach-deutschland-1.2655933 (Zugriff am 11.01.2018).

3 Jeffrey Herf: Was wird aus dem Judenhass der Flüchtlinge? In: *Die Welt Online*, 14.12.2015. http://www.welt.de/debatte/kommentare/article149944120/Was-wird-aus-dem-Judenhass-der-Fluechtlinge.html (Zugriff am 22.01.2018).

Gegenstimmen: Wissen um die historische Vertreibung von Juden und Jüdinnen aus arabischen Ländern, Kritik am antisemitischen Antizionismus Irans und auch die reale Erfahrung, dass der gegenwärtige Krieg in Syrien nicht von Israel, sondern von anderen Akteuren initiiert wurde. Einzelne Aussagen verweisen auf einen möglichen Wandel im Israelbild, welches weniger projektiv aufgeladen ist. So berichtet der 33-jährige syrische Ratip:

> *Ich hatte eine Einstellung vor dem Krieg und nun habe ich eine andere Einstellung.* [...] *Jetzt, nach dem Krieg, habe ich gesehen, dass nicht Israel der größte Feind Syriens ist, sondern der Iran und die Hisbollah.*

In mehreren Interviews zeigte sich, dass auch der Fluchtprozess zu einem solchen Wandel beitragen kann, indem sich der selbstverständliche Antizionismus an realen Konflikten messen muss. Hinzu kommen Erfahrungen wie die Pflege von syrischen Verwundeten durch israelische Einsatzkräfte an der Grenze, die das vormals starre Feindbild irritieren.

Die Einflussfaktoren für die Haltungen gegenüber Juden* und Israel liegen auf unterschiedlichen Ebenen. Manche Geflüchtete erklären ihre Ablehnungen mit dem Koran, indem sie beispielsweise die Konflikte zwischen Mohammed und den jüdischen Gemeinden anführen. Doch relevanter als religiöse Quellen sind ethnisch-nationale Bezüge: Der etwa vor allem an syrischen Schulen vermittelte arabische Nationalismus beruht auf der Abgrenzung vom jüdischen Staat. Die imaginierte Gemeinsamkeit als ‚Araber' geht mit einer binären Sichtweise und der klaren Einteilung in Täter und Opfer einher, in der es wenig Wissen über und Verständnis für jüdische Verfolgungsgeschichten gibt. Viele der Interviewten gaben zudem an, in irakischen oder syrischen Schulen gar nichts oder wenig über den Holocaust gelernt zu haben.[4] Die Stereotype gegenüber Juden und Jüdinnen wie auch der eindeutige Antizionismus werden überdies zumeist als eine Art fragmentarisches ‚Alltagswissen' beschrieben, welches durch Familie, Freund*innen und öffentliche Debatten bekannt ist. In einer 2014 weltweit durchgeführten Umfrage[5] hielten 74 Prozent der Befragten in der Region Mittlerer Osten und Nord-Afrika (MENA) mindestens sechs der elf abgefragten negativen Stereotype über Juden* für „wahrscheinlich wahr" – im Vergleich zu einem weltweiten Durchschnitt von 26 Prozent. Für die Herkunftsländer Syrien, Irak und Afghanistan gibt es allerdings keine eigenständigen Länderstudien, entsprechenden regionalen Verallgemeinerungen sollte daher mit Vorsicht begegnet werden. Dennoch zeigen sich hier mögliche Hinweise auf dominante Alltagsdiskurse in der Region. Gesellschaftliche Minderheiten scheinen diesen selbstverständlichen nationalen Erzählungen stärker entzogen zu sein: Die kurdischen Gesprächspartner*innen wie auch die Afghan*innen mit Migrations- und Rassismuserfahrung im Iran weisen in unserer Studie die geringsten antisemitischen und antizionistischen Einstellungen auf.

Deutlich wird zweierlei: Von einem homogenen ‚arabischen' oder ‚muslimischem Antisemitismus' kann nicht die Rede sein – Einstellungen unterscheiden sich nicht nur nach den Herkunftsländern, sondern sind auch

---

4 Vgl. dazu Renate Heugel: *Die deutsch-arabische Freundschaft. Deutsche Geschichte (1815–1945) in syrischen Schulbüchern*. Hamburg: Dr. Kovač 2013.

5 Vgl. Anti-Defamation League: 1.09 billion People in the World Today Harbor anti-Semitic attitudes. http://global100.adl.org/ (Zugriff am 22.01.2018).

innerhalb der jeweiligen Länder differenziert entlang von Einflussfaktoren wie etwa religiösen und ethnischen Selbstbeschreibungen. Und: Wenn Menschen migrieren, migrieren auch ihre Einstellungen. Die Erfahrung eines realen Krieges, der Transitmigration und der Ankunft in einem Land, in dem offener Antisemitismus offiziell tabuisiert und gleichzeitig in der Bevölkerung weit verbreitet ist, hat Auswirkungen auf Einstellungsmuster. Diese befinden sich im Wandel, was auch eine Chance für die Situation nach Ankunft in Deutschland bedeutet. Viele Geflüchtete wollen ihre neue Gesellschaft verstehen und suchen aktiv nach Informationen über Geschichte – einschließlich dem Holocaust – und Gegenwart Deutschlands. „Jetzt will ich gerne wissen, wie die Politik hier überhaupt funktioniert“, meint die 19-jährige Kurdin Daliah, die aktiv deutsche Medien verfolgt. Abbas aus Syrien wünscht sich die politische Auseinandersetzung jenseits eines wohlmeinenden Paternalismus: „Was mir fehlt, ist, dass man einfach zusammen politisch arbeiten kann.“

Diejenigen, die in den letzten zwei Jahren nach Deutschland gekommen sind, sind Teil dieser Gesellschaft geworden. Sie haben teilweise Asyl bewilligt bekommen, sind in Ausbildungen, arbeiten, sprechen Deutsch, gründen Familien und bauen sich hier eine Existenz auf. Unter Umständen werden viele von ihnen in Deutschland alt werden. Dieses Ankommen bedeutet, dass ihre Haltungen nicht das isolierte Problem ‚der Anderen‘ sind, sondern eine gesamtgesellschaftliche Herausforderung darstellen. Sich in einer postmigrantischen Gesellschaft mit Antisemitismus auseinanderzusetzen, bedeutet, unterschiedliche Einflussfaktoren – identitäre, regionale, weltanschauliche – zu erkennen und die Strategien entsprechend anzupassen. Es heißt, für Rassismus sensibel zu sein und gleichzeitig nicht den Antisemitismus zu entschuldigen – auch bei Geflüchteten. Dies macht eine Auseinandersetzung auf Augenhöhe nötig, die auf der Suche ist nach neuen Allianzen basierend auf Haltungen und nicht bloß auf Herkunft.

„EIN HEIKLES THEMA. [...] SOLLTE MAN DARÜBER SPRECHEN?“

JAKOB BAIER

„Sollen wir darüber sprechen? Vielleicht besser nicht. Ist ein heikles Thema. Darf man darüber sprechen? Sollte man darüber sprechen?“ – Diese Fragen stellte Jan Böhmermann in seiner TV-Sendung *Neo Magazin Royale* am 2. Februar 2017. Der sonst um klare Worte und politische Statements selten verlegene Entertainer stammelte, sichtlich darum bemüht, sein gespieltes Unbehagen ins Komische zu übersetzen:

> *Wir müssen in so einer öffentlich-rechtlichen Sendung* [...] *Wir müssen aufpassen, ich glaube, man darf da nicht zu oft drüber sprechen im Fernsehen, das kann wahnsinnig schnell* [...] *Alleine dass wir jetzt darüber geredet haben ist schon für mich die Gefahr* [...] *ich halt mich als Moderator neutral raus* [...] *ist ein schwieriges Thema.*[1]

Es sollte ein Witz werden über das vermeintliche Nichtredenkönnen über Antisemitismus in der medialen Öffentlichkeit. Das Thema sei zu brisant, biete zu viele Fallstricke, daher schweige man lieber, sonst drohten Konsequenzen – so könnte man die von Böhmermann zugespitzte Darstellung des Mediendiskurses über Antisemitismus interpretieren. Doch der Gag misslang und die Publikumslacher blieben aus.

1 *Neo Magazin Royale*, 02.02.2017. https://www.zdf.de/comedy/neo-magazin-mit-jan-boehmermann/videos/nmr-folge-sechsundsechzig-100.html (Zugriff am 26.02.2017).

Böhmermanns gescheiterter Versuch, der öffentlichen Kommunikation über Antisemitismus etwas Komisches abzuringen, ist bezeichnend dafür, wie dieses Thema derzeit in den deutschen Medien verhandelt wird. Von einer gewissen Ironie zeugt überdies, dass Böhmermanns Nicht-über-Antisemitismus-reden-können-Witz nur wenige Monate später durch den Streit um die Ausstrahlung der arte-Dokumentation *Auserwählt und ausgegrenzt. Der Hass auf Juden in Europa*[2] auf groteske Weise bestätigt zu werden schien: Noch nie zuvor war im deutschen Fernsehen eine Dokumentation vorbehaltlich eines integrierten Faktenchecks ausgestrahlt worden, der an verschiedenen Stellen des Films auf vermeintliche Fehler oder Unstimmigkeiten des Gezeigten hinwies. Als Zuschauer*in konnte man sich des Eindrucks kaum erwehren, dass der Faktencheck nicht etwa der Aufklärung des Publikums, sondern vielmehr der Rechtfertigung der offensichtlich hysterisch agierenden Programmverantwortlichen dienen sollte. Letztere hatten die Ausstrahlung der Dokumentation lange abgelehnt und schienen nun beweisen zu wollen, dass ihre Zweifel berechtigt gewesen waren.

Der Witz misslang möglicherweise auch deshalb, weil neben Böhmermann ein Gast saß, der das, was der Moderator humoristisch zu verpacken bemüht war, durchaus bitterernst meint: Kollegah alias Felix Blume, Jura-Student, Gangstarapper und wohl einer der erfolgreichsten deutschen Musiker der Gegenwart. Seinem Auftritt im *Neo Magazin Royale* war eine öffentliche Debatte über Antisemitismus im deutschsprachigen Rap vorausgegangen, befeuert vor allem durch die vom Rüsselsheimer Stadtrat mit knappem Ergebnis beschlossene Absage eines Kollegah-Konzerts auf dem Hessentag 2017. Nicht nur der Zentralrat der Juden hatte gegen den Auftritt des Künstlers protestiert.

Ende 2016 hatte vor allem die tendenziöse und antiisraelische Dokumentation *Kollegah in Palästina* für Diskussionen bis hinein in die Feuilletons der Qualitätspresse gesorgt. Dass Kollegah kurz zuvor auch zwei Musikvideos veröffentlicht hatte, in denen die ‚Bösen' entweder Kippa[3] oder einen Davidsternring[4] tragen, fand in der medialen Auseinandersetzung mit Kollegahs Antisemitismus jedoch keinerlei Erwähnung. Es war die Palästina-Doku, die die mediale Debatte über Antisemitismus im deutschsprachigen Rap beherrschte, Kollegah bei einem großen Teil seiner überwiegend jungen Fans im Lichte der besonderen Ehrbarkeit und als ‚Anpacker' im Kampf gegen die Ungerechtigkeit der Welt erscheinen ließ und ihm schließlich sogar eine Einladung auf das Show-Sofa von Jan Böhmermann einbrachte.

---

2 *Auserwählt und ausgegrenzt. Der Hass auf Juden in Europa* (D 2017, R: Joachim Schroeder/Sophie Hafner).

3 Musikvideo zu: KC Rebell feat. PA Sports/Kianush/Kollegah: TelVision (*Abstand*, 2016, Banger Musik). https://www.youtube.com/watch?v=OROd42ry9VU (Zugriff am 15.10.2017).

4 Musikvideo zu Kollegah: Apokalypse (*Hoodtape Vol. 2*, 2016, Alpha Music Empire). https://www.youtube.com/watch?v=QZXCqTe5__A (Zugriff am 15.10.2017).

Seinen Auftritt im *Neo Magazin Royale* nutzte der Rapper Anfang Februar dazu, um sich vom Verdacht des Antisemitismus freizusprechen und als Opfer falscher Vorwürfe darzustellen. Neben einer Verengung der Berichterstattung auf seine Palästinadokumentation kam ihm zupass, dass die jüdischen Interessengruppen in ihrem offenen Brief an die Rüsselsheimer Stadtverordnetenversammlung ihren Antisemitismusvorwurf mit Liedzeilen belegt hatten, die gar nicht von ihm stammten. Kollegah führte nicht nur diesen falschen Beleg zu seiner Verteidigung an, er präsentierte sich auch als Menschenrechtsaktivist, dessen Einsatz für die Palästinenser*innen stets und ständig als antisemitisch diskreditiert werde. Man hätte es ihm nicht leichter machen können, sich in der Pose moralischer Überlegenheit als Opfer zu stilisieren.

Was hinderte Böhmermann, den Antisemitismus des Künstlers klar und eindeutig zu benennen? Statt Kollegah mit diesem „heiklen Thema" zu konfrontieren, schlug er seinem Gast vor, sich mit den beiden etwa gleichaltrigen jüdischen Autor*innen Kat Kaufmann und Shahak Shapira sowie mit dem Grünenpolitiker Volker Beck zu einem Gespräch über Antisemitismus zu treffen. Was genau Kaufmann und Shapira für die Gesprächsrunde qualifizieren sollte, blieb Böhmermanns Geheimnis. Glaubte er, ihr Jüdischsein mache sie zu besonders prädestinierten Gesprächspartner*innen eines Rappers, der in seinen Musikvideos und Statements konsequent antisemitische Imaginationen und Mythen bedient?

Und tatsächlich trafen sich Kollegah, Kaufmann und Shapira wenige Wochen später am Rande eines Kollegah-Konzerts zu einem Gespräch über Antisemitismus – ein Thema, von dem der eine (Kollegah) behauptete, es werde ihm zu Unrecht angehaftet, und über das die beiden anderen (Kaufmann und Shapira) offenbar unzureichend informiert waren. Ton und Setting des Gesprächs gab nun Kollegah vor, umrahmt von mehreren muskelbepackten Security-Männern und zwei Rapkollegen, die ihm inhaltlich zur Seite sprangen. Und auch für die Aufnahme des Gesprächs und dessen Veröffentlichung auf Kollegahs offiziellem YouTube-Kanal zeichneten sich der Rapper und sein Management verantwortlich. Offensichtlich sollte das „Offene Gespräch über Antisemitismus"[5], so der spätere Titel des YouTube-Videos, dem Marketing des Rappers dienen. Und so passierte, was so oft passiert, wenn über Antisemitismus gesprochen werden soll: Es wurde über vieles andere gesprochen, nicht aber über Antisemitismus. Shapira erörterte, warum er Rap nicht als Kunst betrachte, wie er die politische Situation in Israel einschätze und dass er – anders als Kollegah – ganz und gar nicht der Meinung sei, dass Juden* sich stets in einer selbstgewählten Opferrolle absonderten. Im Gegenzug belehrte der Rapper ihn darüber, dass die Satirefreiheit beim Islam ende. Kaufmann rauchte mehr, als sie redete, gab offen zu,

5 YouTube-Video zu Kollegah trifft Shahak Shapira und Kat K. - Offenes Gespräch über Antisemitismus, 21.03.2017. https://www.youtube.com/watch?v=rVo1em3hG7U (Zugriff am 15.10.2017).

dass sie sich mit den konkreten Vorwürfen gegen Kollegah kaum beschäftigt habe und bat Kollegah am Ende der Gesprächsrunde noch um einen Videogruß für ihren Neffen. Antisemitismus? – Nicht der Rede wert.

Der Grund für die Sprachlosigkeit von Böhmermann, Shapira und Kaufmann mag zum einen darin liegen, dass offenbar niemand von ihnen bereit ist, offen Position zu beziehen gegenüber einer ausgesprochen populären Figur des deutschen Hiphop, dessen Fangemeinde gewiss auch Schnittmengen zu der von Böhmermann aufweist. Dass Böhmermann durchaus gewillt und in der Lage ist, Judenfeindschaft zu kritisieren, bewies er im November 2017 mit seiner Persiflage auf die TV-Sendung *LUTHER – Das Projekt der 1000 Stimmen*[6], einer Luther-Lobhudelei zum Reformationsjubiläum im ZDF. Doch Luthers Judenfeindschaft des 16. Jahrhunderts ist kein Geheimnis, und es bedarf wenig Mut, um zu benennen, was ohnehin jede*r weiß. Bei einem Antisemiten der Gegenwart verschlägt es Böhmermann jedoch die Sprache. Aber auch Kaufmann und Shapira mieden im Gespräch mit Kollegah jede Konfrontation. Glaubten beide, sie könnten das Treffen zur eigenen medialen Inszenierung nutzen, ohne sich dabei von einem Medienprofi wie Kollegah instrumentalisieren zu lassen?

Denn statt ihn und seine antisemitischen Äußerungen kritisch zu hinterfragen, schien ihnen vor allem daran gelegen zu sein, dem Gesprächspartner wie auch den Zuschauer*innen zu vermitteln, dass sie eben nicht ‚die Juden' sind, für die Kollegah sie hält: Ihre demonstrativen Bemühungen um Abgrenzung von antisemitischen Projektionen gipfelten während des Gesprächs in Shapiras Negierung des eigenen Jüdischseins[7] und in Kaufmanns Kritik am Zentralrat der Juden[8], dem sie ein Zensurbestreben unterstellte. Überwog hier allein die Angst vor Kritik und Ausgrenzung, die eine Positionierung gegen Kollegah zur Folge haben könnte? Oder war es vielmehr ihr eigenes Bedürfnis nach Selbstpositionierung im Diskurs über jüdische Identität und Identifikation, das sie letztlich dazu bewog, über das „heikle Thema" zu schweigen?

So wurde Kollegahs Inszenierung als Opfer falscher Anschuldigungen letztlich perfektioniert durch die Absolution zweier jüdischer Kronzeug*innen. Denn für einen Antisemiten, da waren sich Kaufmann und Shapira einig, hielten sie Kollegah nicht. Vielleicht wären sie zu einem anderen Urteil gelangt, hätten sie gewusst, dass Kollegah das gemeinsame Treffen nur wenige Tage später auf seinem eigenen YouTube-Kanal als Gespräch „mit den paar Juden da"[9] bezeichnen würde.

6 *LUTHER – Das Projekt der 1000 Stimmen* (D 2017, ZDF).

7 „Ich glaube nicht an Gott, streng genommen bin ich kein Jude." (Shahak Shapira zit. n. Kollegah trifft Shahak Shapira und Kat K.)

8 „Die [der Zentralrat der Juden, Anm. J. B.] sind die, die Politik tatsächlich machen. [...] Sie verbieten Konzerte! Was machen die noch?" (Kat Kaufmann zit. n. ebd.)

9 Kollegah zit. n. Imperator Tour – Tag 4 – Hannover, 23.03.2017. https://youtu.be/5tEBq4pDCPE?list=LLSnoO6CoouelklXilYie99w (Zugriff am 15.10.2017).

DAS FLEISCH ODER DAS HERZ?

Religion, Glaube und die Legitimität männlicher Beschneidung

KARIN B. NEUTEL

Viele Menschen in Westeuropa halten die männliche Beschneidung für eine Praxis, die Jüd*innen und Muslim*innen aufgrund ihrer Religion ausüben. Und Religion wiederum wird weithin als etwas Geistiges verstanden, etwa in der Definition des Bundesverwaltungsgerichts als eine „Gewissheit über bestimmte Aussagen zum Weltganzen sowie zur Herkunft und zum Ziel des menschlichen Lebens".[1] Es ist leicht ersichtlich, dass die Kombination dieser Vorstellungen – die männliche Beschneidung als eine religiöse Praxis außerhalb des Mainstreams *und* Religion als geistiger und nicht als sozialer oder körperlicher Akt – der männlichen Beschneidung als einer europäischen Praxis eine angreifbare Stellung zuweist.

Jedoch sind weder die religiösen Ursprünge der Beschneidung noch das spezifische Verständnis von Religion als solcher so evident, wie sie zunächst erscheinen mögen.

Ich werde mich hier insbesondere mit dem zweiten Aspekt beschäftigen, nämlich der Vorstellung, dass Religion eine Glaubens- oder Überzeugungsfrage ist, und deren Implikationen für die männliche Beschneidung untersuchen. Dies werde ich in Auseinandersetzung mit der deutschen Beschneidungsdebatte vornehmen, die nach dem kontroversen Beschluss des Landgerichts Köln im Jahr 2012 aufkam. Das Urteil betrachtete die nicht-medizinische Beschneidung als eine „Verletzung der körperlichen Unversehrtheit" und befand, dass diese „Veränderung dem Interesse des Kindes, später selbst über seine Religionszugehörigkeit entscheiden zu können, zuwider [laufe]".[2] Im Anschluss an das Urteil entfachte sich in Europa und den USA die sogenannte Beschneidungsdebatte, in der die unterschiedlichen Meinungen zahlreiche Zeitungsseiten, das Internet und diverse Publikationen füllten.

1 BVerwGE 90, 112 (115), Urteil v. 27.03.1992. https://dejure.org/dienste/vernetzung/rechtsprechung?Gericht=BVerwG&Datum=27.03.1992&Aktenzeichen=7%20C%2021.90 (Zugriff am 15.11.2017).

2 Landgericht Köln, 151 Ns 169/11, Urteil v. 07.05.2012. http://dejure.org/dienste/vernetzung/rechtsprechung?Gericht=LG%20K%F6ln&Datum=07.05.2012&Aktenzeichen=151%20Ns%20169/11 (Zugriff am 15.11.2017).

Was die deutsche Debatte so besonders macht, ist das Ausmaß, in dem nicht nur die Hintergründe und Ursprünge der Beschneidungspraxis selbst untersucht wurden, sondern auch die Hintergründe und Ursprünge der ablehnenden Haltung in der europäischen Mainstreamkultur. In der Debatte wird die Ansicht ausgedrückt, dass wir zunächst begreifen müssen, wie das Christentum sich von den jüdischen Wurzeln löste, um dadurch zu allererst die aktuell verschiedenen Einstellungen zur Beschneidung verstehen zu können.

In der *Frankfurter Allgemeinen Zeitung* beschreibt der politische Korrespondent Reinhard Bingener in seinem Kommentar „Geist und Fleisch" die Bedeutsamkeit dieser historischen Entwicklungen folgendermaßen:

> *Für die abendländischen Debatten über die Beschneidung war hingegen von großer Bedeutung, dass das Band zwischen Judentum und Christentum just bei der Frage der Beschneidung gerissen ist. Der Streit über die Beschneidung markiert nicht nur den Beginn des Christentums als eigenständiger Religion, sondern auch eine Änderung im Verständnis von „Religion" überhaupt.*[3]

Bingener glaubt, dass diese Veränderung im Neuen Testament im Brief des Paulus an die Philipper „wie unter einem Mikroskop" beobachtet werden kann.[4] Dort würde nämlich Religion umdefiniert werden, insofern „nur der ‚Geist', nicht aber das ‚Fleisch' nach Paulus als religiöse Größe ernst zu nehmen" sei.[5] Der Autor warnt indes davor, dass dieses spezifisch christliche Religionskonzept nicht schlicht auf andere Religionen übertragen werden könne, da diese der Unterscheidung Paulus' in Fleisch und Geist nicht folgen. Das Judentum etwa sähe „Volk, Glaube, Kultus und Moral eng ineinander verflochten".[6]

Michael Chaouli misst in seinem Kommentar „Markierte Körper" in der *Zeit* ebenfalls Paulus und den Anfängen des Christentums eine entscheidende Bedeutung in dieser Frage bei.[7] Gemäß seiner Einschätzung ist es Paulus, der die Frage der Beschneidung in die tiefsten Regionen der christlichen Doktrin einschreibt. Der äußerlichen Beschneidung des Fleisches setzte er bekanntlich die inwendige des Herzens entgegen, „die im Geist und nicht im Buchstaben geschieht".[8]

Diese Unterscheidungen – zwischen Geist und Buchstabe, zwischen dem Inneren und dem Äußeren – liegen nicht nur der christlichen Auffassung von Religion und Körperlichkeit zugrunde, sondern infolgedessen auch der Frage um die Beschneidung. Sowohl Bingener als auch Chaouli versuchen, ihre Leser*innen auf das Ausmaß aufmerksam zu machen, in welchem der deutschen (post-)christlichen Kultur die historischen Entwicklungen und alten Weltanschauungen eingeschrieben sind und fortwirken.

Ihre Einbettung der historischen Ereignisse ist allerdings nicht die einzige Interpretationsform, es lassen sich auch andere, durchaus gegenläufige Ansichten finden: In dem Buch *Die Beschneidung von Jungen. Ein trauriges Vermächtnis*, welches – wie der Titel vermuten lässt – starke Kritik an der Beschneidungspraxis übt, attestiert der

3 Reinhard Bingener: Geist und Fleisch. In: *Frankfurter Allgemeine Zeitung Online*, 09.11.2012. http://www.faz.net/aktuell/politik/inland/beschneidung-geist-und-fleisch-11956079.html (Zugriff am 15.11.2017).

4 Ebd.

5 Ebd.

6 Ebd.

7 Michel Chaouli: Markierte Körper. In: *Die Zeit Online*, 03.11.2012. http://www.zeit.de/2012/44/Beschneidungsurteil (Zugriff am 15.11.2017).

8 Ebd.

Autor, Matthias Franz, Paulus eine wichtige Rolle in den sich verändernden Einstellungen zur Beschneidung.[9] Er sieht Paulus dennoch in einem positiven Licht, obgleich er für die heutige Zeit irrelevant geworden sei. Franz verortet das Aufkommen der Beschneidungspraxis in den Versuchen des Menschen, eigene existentielle Ängste zu überwinden. Zwar ersetzte die Beschneidungspraxis schließlich die Menschenopferung – was für Franz einen deutlichen Schritt vorwärts darstellt –, die tiefe menschliche Angst konnte indes erst mit dem Aufkommen des Christentums überwunden und somit auch die Beschneidungspraxis überflüssig gemacht werden:

> *Der neue paulinisch propagierte Glaube belässt es dann auch bei der Taufe und klagt somit auch die Beschneidung nicht mehr ein. Wenn Gott nicht mehr (patriarchalisch) gefürchtet werden muss, braucht man ihm weder seine Söhne noch Körperteile zu opfern. Der Glaube allein und nicht das Opfer und die unbedingte Gesetzestreue stellen jetzt die Verbindung zur Gottheit sicher.*[10]

Diese Veränderung durch Paulus und das Christentum bedingte folglich einen Bruch mit der jüdischen Tradition und erlaubte „eine zivilisatorische Sublimierung der im Opferparadigma gebundenen Aggression“.[11] Franz bezeichnet diese paulinische Wende als einen „Abschied von archaischen Verletzungstraditionen“.[12] Allerdings schlägt Franz keine unmittelbare Verbindung zwischen den frühchristlichen Einstellungen zur Beschneidung und den gegenwärtigen Positionen vor. Stattdessen richtet er den Blick auf die voranschreitende Säkularisierung und den technischen Fortschritt als die Hauptfaktoren der Überwindung der altertümlichen Ängste, in deren Lichte Praktiken wie die Beschneidung dann als „aus der Zeit gefallene Relikte“ erscheinen.[13]

Diese drei Beispiele veranschaulichen die unterschiedlichen Weisen, in denen die Geschichte der Beschneidung – hauptsächlich im Zusammenhang mit dem Aufkommen des Christentums – eine Rolle in der deutschen Debatte spielt. Deutschland scheint in dieser Hinsicht einmalig zu sein, da die sonstige Diskussion in Europa, etwa in den Niederlanden, Großbritannien oder Skandinavien, sich eher auf die medizinischen und rechtlichen Aspekte fokussiert und die Rolle der Geschichte entweder weitgehend unbeleuchtet bleibt oder lediglich dann als relevant angesehen wird, wenn es gilt, diejenigen zu verstehen, die die Beschneidung praktizieren. Indes kann viel dadurch gewonnen werden, die gegenwärtige Debatte als Fortführung einer Kontroverse zu betrachten, die seit mehreren Jahrhunderten geführt wird und darüber hinaus einem ganz spezifischen Religionsverständnis Ausdruck verleiht. Bingener, Chaouli und Franz nehmen die Hintergründe und Ursprünge der Debatte in ihren historischen Darstellungen ernst – wobei man nichtsdestotrotz in einigen inhaltlichen Aspekten von ihnen abweichen kann: Beispielsweise würden viele Paulus-Forscher*innen – mich selbst eingeschlossen – die These zurückweisen, dass Paulus die Beschneidung prinzipiell abgelehnt hat. Vielmehr vertreten sie, dass er weder mit dem Judentum brach noch beabsichtigte, eine neue Religion zu begründen: das Christentum.

9 Matthias Franz: Beschneidung ohne Ende? In: Ders.: *Die Beschneidung von Jungen. Ein trauriges Vermächtnis.* Göttingen: Vandenhoeck & Ruprecht 2014, S. 130–189.

10 Ebd., S. 180.

11 Ebd.

12 Ebd.

13 Ebd., S. 182.

Zudem neigen viele Forscher*innen dazu, die Entwicklung des Konzepts von Religion *als* Glauben und die damit einhergehende Unterscheidung zwischen der Religion und dem Säkularen historisch viel später als die Schrift Paulus' über Fleisch und Geist zu verorten. Dennoch kann die Gleichsetzung von Religion und Glauben als eine christlich-protestantische Erfindung gesehen werden, die sich auf eine bestimmte Paulus-Lesart gründet.

Die Hintergründe des Konzepts zurückzuverfolgen, wonach Religion als Glaube verstanden wird – also eher als etwas des Geistes und nicht als etwas des Fleisches – hilft, seine kulturelle Situiertheit und dadurch auch seine Grenzen zu fassen. Es braucht lediglich einen kurzen Blick auf all die Praktiken und Traditionen, die wir üblicherweise unter *Religion* subsumieren, um festzustellen, dass sie nicht alle unter die konventionelle und enge Definition fallen – nämlich, ein so starker Gedanke zu sein, dass er identitätsbildend wirkt („a thought so strong that it qualifies as an identity category").[14] Als eine Konsequenz dieses engen Verständnisses werden all diejenigen, deren religiöse Identität nicht primär aus ihrem Glauben bzw. ihren Gedanken, sondern von Traditionen und/oder Zugehörigkeiten herrührt, als rückwärtsgewandt gesehen. Sie werden verknüpft mit jenen „aus der Zeit gefallene[n] Relikte[n]".

Die Geringschätzung, die in Franz' Analyse offenkundig ist, und das (post-)christliche Überlegenheitsgefühl lassen sich in vielen Diskussionen zur Beschneidung finden. Das manifestiert sich schließlich in Stereotypen über Jüd*innen und Muslim*innen, indem jene als primitiv, irrational, blutrünstig gezeichnet werden. Oder: als diejenigen, die noch einem antiquierten Religions- und Identitätsverständnis an- und nachhängen.

Solche kulturellen Implikationen zeigen, dass die Frage, ob die Beschneidung die Religionsfreiheit übertritt – wie das Kölner Urteil behauptet – nur mittels einer gründlichen Untersuchung darüber beantwortet werden kann, *wie* und durch *wen* Religion überhaupt definiert wird.

Aus dem Englischen von Karolin Stüber

14 Yvonne Sherwood: On the Freedom of the Concepts of Religion and Belief. In: W. F. Sullivan / Elizabeth Shakman Hurd / Saba Mahmood / Peter G. Danchin (Hrsg.): *Politics of Religious Freedom*. Chicago: University of Chicago Press 2015, S. 29–44. https://tif.ssrc.org/2012/11/13/on-the-freedom-of-the-concepts-of-religion-and-belief/ (Zugriff am 09.03.2018).

Abbildungsverzeichnis

1 Heidi Eckstein
Jaltas Gefäße
S. 32–33
© Heidi Eckstein

2 Friederike Pilz
Bedingt, 2009, Grafit auf Papier, 27,5 × 30 cm.
S. 40
© Friederike Pilz

3 Jalil Dabit
Suad's Stuffed Carrots
S. 50
© Kfir Harbi

4 Yasmin Birkandan
Bilinguale Sätze
S. 79–87
© Yasmin Birkandan

5 Binswanger Friedman
Familiengebrauchsanweisung
S. 127–130
© Binswanger Friedman

6 Tehnica Schweiz (Gergely László / Péter Rákosi)
The Blue Room
S. 138–147
© Tehnica Schweiz

Impressum

Jalta. ***Positionen zur jüdischen Gegenwart***
AUSGABE N° 03, 1/2018 — 2/5778: Allianzen

2. AUFLAGE, 2020

HERAUSGEGEBEN VON
Micha Brumlik / Marina Chernivsky /
Max Czollek / Hannah Peaceman /
Anna Schapiro / Lea Wohl von Haselberg

BIBLIOGRAFISCHE INFORMATION DER DEUTSCHENNATIONALBIBLIOTHEK
Die Deutsche Nationalbibliothek verzeichnet diese Publikation in der Deutschen Nationalbibliografie; detaillierte bibliografische Daten sind im Internet über http://dnb.d-nb.de abrufbar.

WEBSITE
www.neofelis-verlag.de

UMSCHLAGGESTALTUNG & LAYOUT
Hartmut Friedrich
kontakt@hartmutfriedrich.com

LEKTORAT & SATZ
Neofelis Verlag (fs / ae)

DRUCK
PRESSEL Digitaler Produktionsdruck, Remshalden
Gedruckt auf FSC-zertifiziertem Papier.

ISSN: 2510-3725
ISBN (Print): 978-3-95808-154-3
ISBN (PDF): 978-3-95808-202-1

ERSCHEINUNGSWEISE
zweimal jährlich

Jahresabonnement 28,– € (Förderabo: 42,– €)
Einzelheft 16,– €

Erhältlich in Ihrer Buchhandlung
oder direkt beim Neofelis Verlag unter:
vertrieb@neofelis-verlag.de

Ein Abonnement verlängert sich automatisch um ein Jahr, wenn die Kündigung nicht mindestens drei Monate vor Ende des Kalenderjahrs erfolgt ist.

Die aktuelle Ausgabe erscheint mit freundlicher Unterstützung der Ursula Lachnit-Fixson Stiftung sowie des Kompetenzzentrums für Prävention und Empowerment der Zentralwohlfahrtsstelle der Juden in Deutschland (ZWST).

URSULA LACHNIT-FIXSON
STIFTUNG

kompetenz
zentrum
PRÄVENTION UND EMPOWERMENT.